新能源汽车系列教材·微课版

新能源汽车技术概述
（第2版）

编　著　赵振宁　佟丽珠
主　审　李春明

"互联网+"教材

全书配套资源

北京理工大学出版社
BEIJING INSTITUTE OF TECHNOLOGY PRESS

内容简介

本书共分为12章，第1章讲述新能源汽车发展历史；第2章对新能源汽车进行简介；第3章介绍典型纯电动汽车；第4章介绍典型混合动力汽车；第5章介绍典型燃料电池汽车；第6章介绍化学储能装置和物理储能装置，重点为锂离子电池及其电池管理系统；第7章介绍汽车充电类型；第8章介绍汽车电机结构和变频控制原理；第9章讲述电力电子开关元件及实车变频器；第10章讲述直流转换器功能和类型；第11章介绍电动汽车空调制冷/制热方法；第12章基于丰田普锐斯实车介绍了电动汽车线控制动。

本书可作为高等学校"新能源汽车技术""汽车检测与维修技术"等汽车专业的专业教材，也可供从事本专业工作的工程技术人员作入门参考。

版权专有　侵权必究

图书在版编目(CIP)数据

新能源汽车技术概述 / 赵振宁，佟丽珠编著. -- 2版. -- 北京：北京理工大学出版社，2021.7(2021.10重印)
ISBN 978-7-5763-0045-1

Ⅰ. ①新… Ⅱ. ①赵… ②佟… Ⅲ. ①新能源-汽车 Ⅳ. ①U469.7

中国版本图书馆CIP数据核字(2021)第136358号

出版发行 / 北京理工大学出版社有限责任公司
社　　址 / 北京市海淀区中关村南大街5号
邮　　编 / 100081
电　　话 / (010) 68914775 (总编室)
　　　　　 (010) 82562903 (教材售后服务热线)
　　　　　 (010) 68944723 (其他图书服务热线)
网　　址 / http://www.bitpress.com.cn
经　　销 / 全国各地新华书店
印　　刷 / 唐山富达印务有限公司
开　　本 / 787毫米×1092毫米　1/16
印　　张 / 13.5
字　　数 / 323千字
版　　次 / 2021年7月第2版　2021年10月第2次印刷
定　　价 / 39.00元

责任编辑 / 张鑫星
文案编辑 / 张鑫星
责任校对 / 周瑞红
责任印制 / 李志强

图书出现印装质量问题，请拨打售后服务热线，本社负责调换

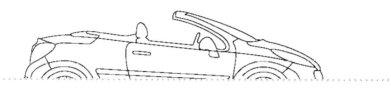

前言

新能源汽车中的纯电动汽车、混合动力汽车和燃料电池汽车正在引发一场新的汽车工业革命。新能源汽车是集动力机械、强电、弱电和各种电控技术于一体的高端汽车产品，新能源汽车行业的发展好坏是一个国家工业发展水平的重要标志之一。我国是世界上新能源汽车的大国，无论是要深入学习新能源汽车技术，还是仅了解新能源汽车技术，一本关于新能源汽车技术方面的概论都是一个不错的入门选择。

"新能源汽车技术概论"是目前全国汽车专业普遍开设的专业课，本书内容为以后学习"纯电动汽车构造原理与检修"和"混合动力汽车构造原理与检修"打好基础。

本书共分为12章，每章编写都按照定义、分类、结构和基本原理循序渐进、逐步深入的编写细路，使本书类似科普类型，但也绝不缺乏原理性的支撑。本书第1章讲述新能源汽车发展历史；第2章对新能源汽车进行了简述；第3、4、5章对新能源汽车中的纯电动汽车、混合动力汽车和典型燃料电池汽车的不同类型、结构和原理进行介绍；第6章介绍化学储能装置和物理储能装置，重点为锂离子电池及其电池管理系统；第7章介绍汽车充电类型；第8章介绍汽车电机结构和变频控制原理；第9章讲述电力电子开关元件及实车变频器，重点介绍了IGBT和IPM；第10章讲述直流转换器功能以及升压和降压的实现方式；第11章介绍电动汽车空调制冷和制热方法，主要内容为电动空调压缩机及PTC加热器，以及热泵式空调的工作原理；第12章利用丰田普锐斯的实车线控制动系统讲述了线控制动的结构和基本原理。

本书可作为高职高专学校"新能源汽车技术""汽车检测与维修技术"等汽车专业的专业教材，也可供从事本专业工作的工程技术人员作入门参考。建议开设学期为第一学年第二学期，学时为48学时。

本书由长春汽车工业高等专科学校赵振宁、佟丽珠共同编著，其中佟丽珠老师完成了1至5章。长春汽车工业高等专科学校校长李春明为主审，在此表示特别感谢。由于电动汽车科学技术的飞速发展，导致各车厂电动汽车技术设计差异很大，技术含量不尽相同，加之作者的水平有限及本书的篇幅限制，难免会有错漏之处，希望读者不吝指正。

编著者

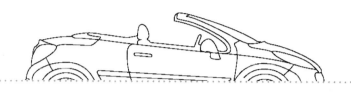

目录 CONTENTS

第1章　新能源汽车发展历史 ·· 001
　1.1　纯电动汽车发展历史 ·· 001
　1.2　混合动力汽车发展历史 ·· 004
　1.3　燃料电池汽车发展历史 ·· 008

第2章　新能源汽车简介 ·· 021
　2.1　新能源汽车概述 ·· 021
　2.2　我国新能源汽车发展 ·· 025
　2.3　新能源汽车补贴政策及变化 ·· 029
　2.4　电动汽车仪表 ·· 031

第3章　典型纯电动汽车 ·· 037
　3.1　日产聆风（Leaf） ·· 037
　3.2　典型纯电动汽车的组成 ·· 041

第4章　典型混合动力汽车 ·· 044
　4.1　混合动力汽车节油特点分析 ·· 044
　4.2　混合动力汽车分类 ·· 046
　4.3　微混型 ·· 052
　4.4　轻混型 ·· 054
　4.5　中混型 ·· 055
　4.6　通用Volt串联式混合动力汽车 ·· 056
　4.7　第二代丰田普锐斯混合动力汽车 ·· 059
　4.8　一汽奔腾B50插电式混合动力汽车 ·· 060

第5章　氢燃料电池汽车 ·· 062
　5.1　氢燃料电池汽车概述 ·· 062
　5.2　商品化燃料电池汽车 ·· 064

第6章　储能装置 ·· 067
　6.1　储能装置的性能指标 ·· 067

6.2 铅酸蓄电池 072
6.3 镍氢电池 075
6.4 锂离子电池 078
6.5 钠硫电池 082
6.6 超级电容 084
6.7 飞轮电池 086
6.8 储能装置的复合结构形式 091
6.9 电池管理系统 094
6.10 丰田普锐斯的电池管理系统 096
6.11 电池管理系统技术 098

第 7 章 电动汽车充电 103
7.1 电动汽车充电方式 103
7.2 电动汽车传导式充电接口 107

第 8 章 电动汽车电机 113
8.1 电动汽车电机种类及性能要求 113
8.2 电动汽车永磁电机结构 114
8.3 三相逆变过程 117
8.4 电机位置传感器 120
8.5 电动汽车感应电机 121

第 9 章 电力电子变换 123
9.1 电力开关 123
9.2 电力晶体管 125
9.3 电力场效应晶体管 127
9.4 绝缘栅极双极型晶体管 128
9.5 智能功率模块 130
9.6 IGBT 保护电路 132
9.7 IGBT 使用和检查 135
9.8 车用变频器 138
9.9 电机和逆变器冷却系统 144

第 10 章 DC/DC 转换器 149
10.1 DC/DC 转换器概述 149
10.2 电动汽车次要耗电设备 151
10.3 单、双向 DC/DC 转换器工作原理 155

第 11 章 电动汽车空调系统 160
11.1 电动汽车空调的作用和特点 160
11.2 电动汽车空调制冷方式 161

11.3 温差电制冷 ·················· 167
11.4 热泵式空调 ·················· 168
11.5 空调加热方式 ················ 170
11.6 涡旋压缩机 ·················· 171

第 12 章　电动汽车制动系统 ········· 174

12.1 电动汽车制动系统概述 ········ 174
12.2 电动真空泵 ·················· 177
12.3 丰田普锐斯线控制动系统 ······ 180

学习成果检测 ······················ 185

参考文献 ·························· 207

第1章
新能源汽车发展历史

> **学习目标**
>
> 能简要说出纯电动汽车发展历史；
> 能简要说出混合动力汽车发展历史；
> 能简要说出燃料电池汽车发展历史。

1.1 纯电动汽车发展历史

1.1.1 纯电动汽车的发明

1886年，卡尔·本茨发明了以内燃机为动力的汽车，不过电动车却比内燃机动力汽车有更长的历史。电动车的历史可追溯到1834年，那一年托马斯·达文波特（Thomas Davenport）制造了一辆电动三轮车，它由一组不可充电的干电池驱动，只能行驶一小段距离。第一辆以可充电电池为动力的电动车于1881年在法国巴黎出现，它是法国工程师古斯塔夫·土维（Gustave Trouve）装配的以铅酸电池为动力的三轮电动车，如图1-1所示。

图1-1 Gustave Trouve 装配的三轮电动车

1.1.2 纯电动汽车初期的大发展

和 19 世纪末的内燃动力汽车相比,电动车除了车速略低,在其他方面的优点很多,比如起动方便,而且电机工作时没有噪声、发动机的振动和难闻的汽油味。另外,直流电机在低转速时有更大的扭矩输出的特点使它用作汽车动力时不需要复杂的传动系统且操作简便,因而当时电动车成为机动交通工具的一个主要发展方向。

19 世纪末到 20 世纪初是电动车的黄金时期,法国和英国都出现了电动车制造公司。1882 年维尔纳·冯·西门子(Werner Von Siemens)制造的无轨电车如图 1-2 所示。1899 年 4 月 29 日,比利时人卡米尔·杰那茨(Camille Jenatzy)驾驶着一辆名为"快乐"(La Jamais Contente)炮弹外形电动车以 105.88 km/h 的速度刷新了由汽油动力发动机保持的世界汽车最高车速的纪录(见图 1-3),这是汽车速度第一次突破 100 km/h 大关,"快乐"电动车保持着这个汽车速度纪录进入了 20 世纪。

图 1-2 1882 年 Werner Von Siemens 制造的无轨电车

图 1-3 La Jamais Contente 电动车

与此同时,大洋彼岸的美国在汽车的普及上比欧洲稍晚,但他们有自己的优势,美国在电力技术发展和普及上领先于欧洲。发明了电灯、留声机的美国著名科学家托马斯·爱迪生(Thomas Edison)是电动车的坚定支持者(见图 1-4),1911 年《纽约时报》曾经这样评论电动车:"它经济,不排放废气,是理想的交通工具。"舆论和名人的效应对于电动车在美国的推广与普及无疑起到了推波助澜的作用,像美国安东尼电气(Anthony Electric)、贝克(Baker)、底特律电气(Detroit Electric)、哥伦比亚(Columbia)和瑞克(Riker)这样的电动车制造公司应运而生。当时的美国不仅拥有数量众多的电动轿车和电动卡车,贝利电气(Bailey Electric)公司在 1907 年甚至开发了最早的电动跑车,如图 1-5 所示。1897 年纽约出现了第一辆电动出租车。与此同时,和电动车相关的配套服务设施也应运而生,美国汉福德电灯(Hartford Electric Light)公司为电动车提供可以更换的电池。Detroit Electric 公司不仅制造电动车,还建立了电池充电站方便用户,现代电动车需要的那些配套设施在 100 多年前就已经建立过了。

图1-4 1913年爱迪生和一辆电动车的合影

图1-5 1907年的Bailey Electric公司生产的电动跑车

1.1.3 纯电动汽车的第一次没落

不过,电动车的黄金时代并没有持续太久,20世纪20年代后,内燃机技术达到了一个新水平,装备内燃机的汽车速度更快,加一次油可持续巡航里程是电动车的3倍左右,且使用成本低。相比之下,电动车的发展进入瓶颈时期,在降低制造成本和改善使用便利性方面没有明显的进步。这种背景下,电动车很快失去了存在的意义,在1940年左右电动车基本上就从欧美汽车市场中消失了。

1.1.4 纯电动汽车的多次昙花一现

1973年爆发的石油危机令全世界陷入石油短缺的境地中,人们又开始关注其他动力的汽车,电动车再一次进入了人们的视线中。20世纪80年代至90年代,日本和美国的汽车厂家生产了一系列电动车,如Chrysler TE Van和丰田RAV4 EV,名气最大的是1996年通用汽车公司投产的EV1电动轿车(见图1-6),不过,它们最终都是昙花一现。

图1-6 1996年通用汽车公司的EV1

经过几十年的发展,虽然屡次出现机会,但是直到21世纪初电动车也没有再现19世纪末期至20年代初期的辉煌,根源在于它生产成本相对较高,充电时间长、充电便利性差、车重增加较多、续航里程短,这些弱点严重阻碍了电动车的普及。

1.2 混合动力汽车发展历史

1.2.1 第一辆混合动力汽车

今天的混合动力汽车,被视作由传统内燃机汽车发展到未来纯电动汽车的中间形态,但在汽车发展史上,第一辆混合动力汽车却是出现在纯电动汽车诞生的近20年后。第一辆混合动力汽车所采用的工作原理,直到今天仍被用于最新型的混合动力汽车甚至是概念车上。

混合动力汽车的历史要追溯到1900年,世界第一辆混合动力汽车"罗尼尔-保时捷"在当年诞生,它的设计来自25岁的费迪南德·波尔舍。费迪南德·波尔舍是第一代大众甲壳虫的设计师、保时捷品牌的开创者,但1900年时,他只是位于维也纳的雅各布·罗尼尔公司的一位重要雇员,这是他的第一份工作。这家公司原本是一家豪华马车制造商,从19世纪末开始生产电动汽车。

在"罗尼尔-保时捷"上,费迪南德采用了串联式混合动力,由汽油发动机为发电机提供能量,安装在前轮内的两个轮毂电机提供驱动力(见图1-7),最大功率为10~14 hp① (7~10 kW)。今天的雪佛兰 Volt 就采用了这种汽油机驱动发电机的形式,而轮毂式电机驱动则被近来很多纯电动概念车所使用。"罗尼尔-保时捷"有双座和四座两种车身形式,也有以蓄电池为能量源的纯电动型号,在此基础上费迪南德还开发出装备4个轮毂电机的四驱车型。

图1-7 保时捷博物馆复原的罗尼尔-保时捷 Semper Vivus

这辆充满灵感的轿车在1900年的巴黎世界博览会上受到媒体广泛关注,但这并未对它的市场推广有什么帮助。"罗尼尔-保时捷"售价是同期最贵的8 hp 奔驰 Velo 售价的2.6倍。虽然在20世纪初也有汽油价格上涨现象,但受益更多的是早期的电动车。作为市内交通工具,纯电动汽车曾在19世纪末到20世纪初风行一时,直到20世纪20年代欧美城际公路网逐渐形成,电动汽车"腿短"的缺点越来越明显(这也是同期蒸汽车被淘汰的原因之

---

① 马力,1 hp = 735 W。

一)后才渐渐淡出人们的视野。

1.2.2 混合动力汽车的发展

在混合动力技术的奠基者中,还应该记住的一个名字是亨利·皮珀,一位德国工程师和发明家。他在1902年前后发明了并联式混合动力,甚至开发出了配套的动力管理系统。亨利·皮珀将这一成果授权一家比利时汽车公司Auto-Mixed生产,在1906—1912年推出一系列车型,如3.5 hp的Voiturette,但在亨利·皮珀去世后Auto-Mixed被另一家公司收购。

在1915年,美国欧文·麦哥尼茨(Owen Magnetic)公司专门生产混合动力汽车,采用串联式混动。在1915年纽约车展上Owen Magnetic的6缸混合动力汽车首次与公众见面(见图1-8),由于购买者中包括一些世界闻名的男高音歌唱家,如爱尔兰的约翰·麦考马克和意大利的恩里克·卡鲁索,这个品牌很快就变得广为人知,可以说是早期"明星营销"的成功典范之一。Owen Magnetic一直生产到1921年,其最后一款产品是Model 60 Touring,如图1-9所示。

图1-8 1916年Owen Magnetic
生产的6缸混合动力汽车

图1-9 1921年Owen Magnetic
生产的Model 60 Touring

在同一时期,另一家电动车制造商,芝加哥的伍兹汽车公司也生产混合动力汽车。1916年伍兹公司宣称他们的混合动力汽车最高时速可以达到56 km/h,百公里油耗4.9 L。但与汽油发动机汽车相比,混合动力汽车始终存在价格昂贵和动力偏弱的问题,很快被淹没在汽油发动机汽车的汪洋大海中。以1913年美国市场为例,电动汽车加混合动力汽车共销售了6 000辆,而采用汽油发动机的福特T型车销售了182 809辆。从20世纪20年代开始,混合动力汽车进入了一个近40年的静默期。

1966年美国国会通过的一项议案,拂去了电动和混合动力汽车身上的尘埃。为了减轻日益严重的空气污染,这项议案提倡使用电动汽车。1969年,通用(GM)汽车推出了他们的应对之策——512系列混合动力实验车。GM 512甚至比微型车还小(见图1-10),更像个玩具,只能乘坐2人,后置后驱布局。其采用了一套并联式混合动力系统,速度在16 km/h以内由电机驱动,16~21 km/h为电机和两缸汽油发动机共同工作,21 km/h以上为汽油机单独提供动力,最高时速为64 km。这种玩具般小车在当时的交通环境里基本没有实际意义,因此有批评者认为通用并不愿意亲手终结盈利颇丰的传统汽车产业,只是用GM 512来缓解对降低空气污染的舆论压力。

图 1-10 1969 年通用的微型混合动力试验车 512

但 1973 年,影响全球范围的第一次石油危机再次将电动和混合动力汽车推到聚光灯下,比起作用缓慢的空气污染,钱包变薄问题更迫在眉睫。到 1979 年,通用汽车在电动汽车项目上花费了 2 000 万美元,并乐观地估计到 20 世纪 80 年代中期就可以投入量产,直接跳过混合动力的过渡阶段。丰田在 1977 年也推出了一款混合动力概念车——Sports 800 Hybrid,采用燃气轮机+电机的并联形式,如图 1-11 所示。

图 1-11 1977 年丰田混合动力概念车

进入 20 世纪 80 年代后,各大汽车制造商都在进行新能源领域的尝试,奥迪在 1989 年展出了在奥迪 100 Avent Quattro 基础上研发的试验车 duo(见图 1-12),由 12.6 hp 的电机驱动后轮,能量来自可充电的镍镉电池,136 hp 的 2.3 L 5 缸汽油机驱动前轮。奥迪 duo 的尝试一直持续到 1997 年,基于 A4 Avent 的第三代 duo 正式量产(见图 1-13),使奥迪成为第一家生产现代混合动力汽车的欧洲厂商,但这款车型并未得到市场认可而最终停产。BMW 则在 1991 年推出了电动概念车 E1(见图 1-14),同年日产也发布了他们的电动概念车 FEV(Future Electric Vehicle)(见图 1-15),并在 1995 年发布了第二代 FEV,如图 1-16 所示。

20 世纪 90 年代中期,苦心钻研的通用终于修成正果,世界上第一辆现代意义上的量产电动汽车(EV1)在 1996 年上市,如图 1-17 所示。但它短暂的生命似乎证明了电动汽车的生不逢时,在 4 年的生命周期里只生产了 1 117 辆。纯电动的雪佛兰紧凑型皮卡 S-10 EV 的生命周期甚至比它还短,生产仅 1 年便停产。与 S-10 EV 同样命运的还有福特 Ranger EV,在 4 年的生命周期里仅制造了 1 500 辆。福特在 1998 年推出了纯电动皮卡 Ranger EV,到 2002 年停产,其间共生产了 1 500 辆,如图 1-18 所示。

图 1-12　1989 年奥迪第一代混合动力试验车 duo

图 1-13　第三代 duo

图 1-14　1991 年 BMW 电动概念车 E1

图 1-15　1991 年日产推出第一代概念车 FEV

图 1-16　1995 年日产第二代 FEV

图 1-17　1996 年诞生的 EV1

1.2.3　混合动力汽车的真正商业化

1997 年第一代丰田普锐斯上市（见图 1-19），只在日本市场发售，少量出口到英国、澳大利亚和新西兰。迄今为止全球最畅销的混合动力汽车就此诞生，在第一年就卖出 1.8 万辆。1997 年，第一款量产混合动力品牌普锐斯由丰田推向日本市场，当年售出 18 000 辆。1999 年，本田混合动力双门小车 insight 在美国推出，受到好评。2007 年年底，美国权威机构（Autodata）的统计数据显示，2007 年 10 月美国混合动力汽车的销售量与上一年相比，同期增长了 30 个百分点，销售量为 24 443 辆。混合动力汽车甚至成了平淡的美国汽车市场的一大亮点：2007 年，美国市场销售混合动力汽车超过 30 万辆。2007 年 5 月 17 日，丰田混合动力汽车全球累计销售突破 100 万辆。

图1-18 纯电动皮卡 Ranger EV

图1-19 1997年上市的第一代丰田普锐斯

在混合动力汽车的历史中,日本丰田普锐斯是一个重要标志。在经历了近百年风雨之后,混合动力汽车终于迎来了自己的春天。

目前世界上已经有超过70余种车型的混合动力汽车问世,在国外最热门、销量最大的新能源汽车就是混合动力汽车。

1.3 燃料电池汽车发展历史

1.3.1 燃料电池之父葛洛夫

燃料电池工作原理是水分解为氢气和氧气的逆过程,正是因为工作原理极为简单才导致燃料电池在19世纪就被发明。

自从电被人类发现并投入生活、工业使用,如何低成本且大规模发电,如何认识电就成了几代科学家研究的重点,燃料电池就是其中的一种发电装置。18世纪著名化学、物理学家卡文迪许发现氢气,随后得益于19世纪金属铂催化性能的发现。

1939年时年28岁的英国物理学家威廉·葛洛夫在科学杂志上发表了一篇论文,证明了氢氧反应发电原理,并在1842年发表氢氧发电装置草图(见图1-20),大意是氢气在铂催化作用下生成氢离子,氢离子通过电解液传输到氧气侧生成水,电子通过外电路传输发电,电流如图1-20中的箭头所示。

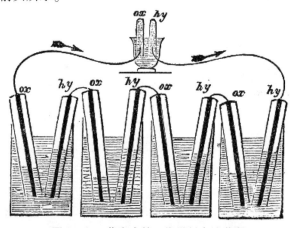
图1-20 葛洛夫第一代燃料电池草图

因此1939年被视为燃料电池诞生年,威廉·葛洛夫也被视为燃料电池之父。

随后在1889年,著名化学家及实业家路德维希·蒙德将电解液由液态硫酸升级为亚液态硫酸,即将片状多孔电极在硫酸溶液中浸润代替液态电解液,这样就大大紧凑了燃料电池结构。

1890年,英国和法国的两个团队在实验室里组装出结构进一步改进的燃料电池,可以产生一定电流,但价格极其昂贵,他们还意识到一个困扰至今的难题"只有贵金属可以催化燃料电池反应"。但是科学界对电子这一概念缺乏认识,甚至在葛洛夫发现燃料电池时科学界还没发现电子。

接下来火力发电和蒸汽发电技术逐渐成熟并大规模开始实用,价格昂贵的燃料电池只能退回到实验室研究状态。

1.3.2 燃料电池的应用

1. 应用于军事

20世纪40年代,英国工程师弗朗西斯·托马斯·培根改用液体氢氧化钾为电解液,多孔镍作为电极,扩大了适用催化剂种类,这种设计给燃料电池实用化带来了曙光。当时蓄电池技术不成熟,容易失火,而燃料电池只要氢气、氧气不接触就很难发生意外,用作隔膜的石棉工艺成熟、结构可靠,极大降低了氢氧接触概率,培根意识到碱性燃料电池将非常适合用于密闭空间,比如潜艇。随后培根顺利进入英国皇家海军,虽然直到第二次世界大战结束碱性燃料电池也未能成功应用于潜艇,但这段工作经历维持了燃料电池研究工作继续进行。1959年培根带领团队制造出功率5 kW的燃料电池实用系统,虽然价格依旧较为昂贵,但其特殊的性能已足以引起航空领域知名公司普惠公司的注意。

普惠公司是世界三大航空发动机制造公司之一,主要给民用、军用飞机生产发动机,同时是联合技术公司旗下一员。联合技术公司号称"你能在这里找到任何东西",小到电梯空调,大到火箭发动机、宇航服都能生产,这家公司现在仍在从事燃料电池研发生产工作。20世纪60年代初普惠公司希望减轻对军事和航空公司的依赖,打算进入航天、舰船和燃料电池发电领域。在普惠公司注意到碱性燃料电池之前,早在1955年通用电气就已经用磺化聚苯乙烯离子交换膜代替硫酸作电解质,使酸性燃料电池升级为全固态结构,随后他们又发现可以将催化剂铂直接制备到膜上,进一步紧凑燃料电池结构。

2. 应用于航空工业

20世纪60年代的蓄电池可以满足几天的短途宇航飞行需要,但价格昂贵,质量和体积极大,有时宇宙飞船不得不在飞行途中丢下用完的蓄电池以减轻质量。太阳能电池在没有日光时无法供电,需要与蓄电池配合,而且那时太阳能电池能量转换效率极低,即使宇宙飞船外面铺满太阳能电池板都无法满足需要。那时NASA正在进行"双子星计划"(见图1-21),为之后的载人飞船登月积累经验,NASA需要一种安全稳定、轻便的装置作飞船电源。

相比之下,燃料电池价格比蓄电池便宜,电池反应是化学反应不受卡诺循环限制,能量转换效率可高达50%~60%,体积小质量轻,副产物水还可以供宇航员饮用,因此受到NASA青睐。

1961年，美国开启了"阿波罗计划"，"阿波罗"号使用的碱性燃料电池，总重100 kg，总功率1.5 kW，电极面积约700 cm^2，如图1-22所示。1968—1972年，12次飞行任务内燃料电池没有出现任何事故，虽然"阿波罗"1号和13号发生两次事故，但都与氧气有关。

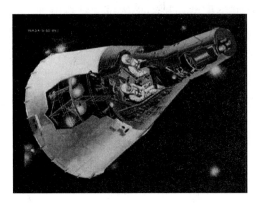
图1-21 "双子星"号宇宙飞船（无太阳能电池）

图1-22 航天飞机上的碱性燃料电池系统

在美国、苏联相继在航天领域取得成绩时，中国也在进行"两弹一星"计划，航天相关任务被拆解为无数个子任务由各个科研机构承担。

我国在20世纪50年代末对燃料电池就已有研究，为了航天技术发展，中科院大连化学物理研究所朱葆琳先生和袁权院士带领团队开始航天燃料电池系统的研制，历经十年攻关研发出两种航天碱性燃料电池系统，并获得国防科委尖端成果奖，从此又开启了燃料电池在中国的一段故事。

随着太阳能电池、储能电池、核电池等技术的快速发展，燃料电池已经逐步退出航天和部分军事应用，但在民用领域的应用才刚刚开始并逐渐进入高潮，丰田"未来"（Mirai）汽车采用燃料电池汽车只是起点。

1.3.3 燃料电池汽车的发展

1. 燃料电池汽车的发展阶段

据衣宝廉院士介绍，从国际上来看，氢燃料电池汽车发展到现在可以分为三个阶段。

1）第一阶段为1990—2005年

1990年美国能源署开始制定氢能和燃料电池研发和示范项目，世界发达国家（地区）纷纷加紧氢能与燃料电池的研发部署。当时人们对这项技术的攻关难度理解不够，以为燃料电池汽车可能在1995年左右实现产业化，实际上做出的三辆氢燃料电池汽车在试验阶段稳定运行很好，但放在芝加哥上路运行不到一个月全部垮掉，大家这才意识到燃料电池不适用于汽车的工况。

2）第二个阶段是2005—2012年

用了7年时间终于解决了燃料电池的工况适应性问题，燃料电池比功率达到了2 kW/L，在零下30 ℃也能储存和起动，基本上满足了车用要求。

3）第三阶段是2012年至今

丰田燃料电池比功率达到了3.1 kW/L，并在2014年12月15日宣布，"未来"氢燃料电池汽车实现商业化，进入了商业推广阶段，其后，本田公司与现代公司也推出了燃料电池商业化车。因此，从商业化角度，有人把2015年誉为燃料电池汽车的元年。

2. 燃料电池汽车发展所面临的问题

据中国客车网的报道，当前国际氢燃料电池汽车的现状为：氢燃料电池汽车已经渡过技术开发阶段，进入市场导入阶段。燃料电池发动机功率密度大幅提升，已经达到传统内燃机的水平；基于70 MPa储氢技术，续航里程达到传统车水平（燃料填充<5 min）；燃料电池寿命满足商用要求（5 000 h）；低温环境适应性提高，可适应−30 ℃的气候，车辆适用范围达到传统车水平。通过技术进步降低成本、批量制造的开发，以及加氢站的建设成为下一步研发重心；铂用量的降低，特别是采用非铂催化剂是长期而艰巨的任务。

衣宝廉认为，现在产业化的关键问题是进一步建立生产线、降低成本和加氢站的建设，这是目前全球燃料电池汽车发展的共同问题。从燃料电池发动机来看，它现在可以做到体积可以跟内燃机进行互换。从寿命来看，大巴车已经达到了1.8万h，小型车也超过了5 000 h，主要是因为采用了"电−电"混合方式，即二次电池与燃料电池混合驱动策略，使燃料电池在相对平稳状态工作，大幅提高了燃料电池的耐久性。

从成本来看，目前如果按年产50万辆计，燃料电池每千瓦成本大约是49美元，这个价格是可以接受的。业内有种看法是燃料电池汽车受铂资源的限制，现在氢燃料电池铂用量国际先进水平能达到0.2 g/kW，国内目前水平是0.4 g/kW左右，产业化的需求是要降低到小于0.1 g/kW，即与汽车尾气净化器用的贵金属量相当，这是需要依靠技术进步逐步实现的。

衣宝廉院士透露，现在国际各大汽车公司竞争的技术水平都是在燃料电池小轿车上体现，而小轿车对加氢站的数量依赖度较高，当加氢站不能够达到像加油站那么普及时，选择大巴车、物流车或轨道交通车发展是比较实际的做法。也就是对加氢站依赖度越低，越容易首先实现燃料电池汽车产业化，不会让用户产生加氢焦虑。

衣宝廉说，从全球发展来看，燃料电池汽车现在已经进入商业化导入期，当下的焦点就是降低成本和加氢站的建设。燃料电池发动机从性能、体积上可以实现与传统内燃机互换，低温适应性可以达到−30 ℃，行驶里程可以达到700 km，一次加氢小于5 min，跟燃油车效果完全是一样的。随着企业界的参与，产品工艺的定型，批量生产线的建立，以及关键材料与部件国产化，相信燃料电池成本会得到大幅度降低。此外，要加大力度推进加氢站的建设，目前，我国一些能源公司、工业副产氢公司及地方政府对加氢站建设表现了极大的兴趣，纷纷制定规划投入开发，开始从事加氢站的建设，从数量上逐渐满足区域性加氢（如公交运营线、物流区等）需求。

1.3.4 世界各国燃料电池汽车发展历史

1. 奔驰公司甲醇燃料电池汽车发展历史

甲醇又称"木醇"，数千年来，人们通过蒸馏木材获得甲醇这种可以燃烧的液体，可以算是对生物质"清洁利用"的鼻祖。而甲醇作为一种燃料，最早是在第二次世界大战后期，德国的原油供应受到限制，需要用一种新的液体燃料进行替代，当时就对甲醇进行了大量的研究，尤其是甲醇与过氧化氢的混合液，曾经在战斗机上得到应用。甲醇再一次作为燃料进入人们的视野是在20世纪70年代的石油危机以后。当时作为汽车行业的先锋，德国奔驰公司基于 S 级轿车平台开发出了一款甲醇内燃机轿车，如图 1-23 所示。作为燃料，甲醇受到重视不仅仅限于内燃机，各大汽车公司在发展氢燃料电池的过程中，对甲醇的重视度也很高。

第一代 Necar 1：真正现代意义上的燃料电池汽车搭载质子交换膜（PEM）的版本算是奔驰公司的 Necar 汽车。Necar 汽车有两种诠释法：一个是新型电动汽车（New Electric Car），另一个是无排放的电动汽车（No Emission Car），产生这种区别的原因在于是否使用了甲醇作为燃料的来源。Necar 系列的车从 1994 年开始，一共做了 5 代。第一代的 Necar 是基于奔驰公司 MB100 的小面包平台，后厢内放置 30 kW 的质子交换膜电池堆，续航里程 130 km，采用高压储氢罐，300 bar 压力的方式，如图 1-24 所示。1994 年面世时，揭开了燃料电池研究的序幕。

图 1-23　甲醇内燃机轿车

图 1-24　世界上第一辆 PEM 燃料电池汽车 Necar 1

第二代 Necar 2：1996 年，将平台换为 V 系列的平台，这款商务旅行车的车顶被有效利用起来，增加了更多的实用空间，如图 1-25 所示。此时，电池堆的功率虽然也是 50 kW，但是燃料电池的系统输出功率已经可以达到 45 kW，车辆的续航里程也增加到了 250 km 以上。也正是在这一代的产品上，奔驰公司开始意识到续航里程方面储氢罐有占用过大空间的局限性。于是奔驰公司在 Necar 2 的基础上开始进行技术分支，导入甲醇作为氢气的来源。与此同时，也开始计划液氢和纯氢的对比。

图 1-25　Necar 2 采用储氢罐为氢气载体

第三代 Necar 3：在 1997 年推出的 Necar 3 上，奔驰公司率先使用甲醇重整技术，将甲醇 CH_3-OH 重整成为 H_2 和 CO_2，将氢气导入电池堆发电，氢气即产即用。38 L 甲醇箱内的甲醇可以支持这辆 A 级车行驶 300 km 以上。这辆车的后座部分被用来放置甲醇重整装置，电池堆被布置在底盘之下，如图 1-26 所示。

 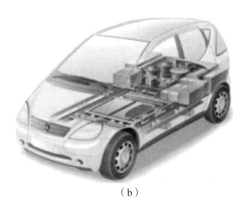

（a） （b）

图 1-26 使用甲醇作为燃料的 Necar 3 燃料电池汽车

（a）实物图；（b）结构图

第四代 Necar 4：1999 年和 2000 年推出的 Necar 4a 和 Necar 4（见图 1-27）同样也是和 Necar 3 一样的平台、一样的车型，但是它们的储氢方式不一样。Necar 4a 基于液体储氢的思路，配置了压力为 9 kg、低温储存箱在 -200 ℃ 以下的氢系统，续航能力达到了 450 km 以上，充分体现了液体氢的优势。一年以后推出的 Necar 4 采用高压储氢罐，在有限的空间里仅能携带 2.7 kg 的氢气，续航里程 200 多千米。此时的电池堆技术已经可以发展到了 75 kW 的等级。

图 1-27 以高压储氢罐作为燃料的 Necar 4

第五代 Necar 5：最有跨时代意义的是 2000 年推出的 Necar 5，这款车在 Necar 3 的基础上性能有了很大的提升，尤其体现在"减体积"方面。电池堆依旧被布置在地板之下，重整器、CO 去除装置均被扁平化集成在车底之下（见图 1-28），具备高度的集成化的重整制氢系统，功率达到 75 kW，续航里程在 400 km 以上。

2002年5月20日—6月4日,3辆Necar 5从旧金山出发,横跨美国大陆抵达华盛顿,行程5 000多千米,从海平面到2 600多米的高海拔地区,这批车每500多千米加注一次甲醇,历时14天,完成了测试。项目负责人当时预测到2010年会有部分车辆量产后租给特定人群。后来定型的F-Cell(见图1-29)基于B-Class的压缩氢罐类型,共生产了几百台,在德国通过特种租赁的方式进行推广测试。

图1-28　Necar 5内部构造　　　　图1-29　基于高压氢的奔驰氢燃料电池汽车F-Cell

2. 丰田燃料电池汽车发展史

1996年,丰田推出的第一款燃料电池概念车FCHV-1参加了大阪的游行,这是一款改装自RAV4,采用了10 kW的质子交换膜燃料电池(PEMFC)和金属储氢装置的燃料电池电动车(FCEV),又称EVS13。该车的续航里程达到了250 km。

1997年,丰田紧接着推出了第二款燃料电池汽车FCHV-2。该车同样改装自RAV4,搭载了25 kW的PEMFC,并且使用了甲醇重整燃料电池,使其续航里程达到了500 km。

2001年3月,丰田推出了第三款燃料电池汽车FCHV-3,这款车用汉兰达改装。该车采用了功率高达90 kW的PEMFC,依然采用了金属储氢装置。另外,在FCHV-3上丰田使用了镍氢电池作为辅助电池系统,这一设计是参考了普锐斯的动力系统。

2001年6月,丰田推出了其改进版FCHV-4。该车最大的特点是使用了高压储氢罐的方式储氢,共采用4个25 MPa的高压气罐,每个气罐体积达到了34 L,此举让FCHV的储氢系统质量减少了250 kg,达到了100 kg的级别。由于当时高压气罐压力较低,FCHV的续航里程反而减少到了250 km。

2002年,丰田推出了在FCHV-4基础上改进的FCHV,得到了日本政府的认证,并开始在日本和美国进行小范围的销售。在2005年,丰田的FCHV获得了日本政府的型号合格审定(Type Certification)。

2008年,丰田推出了FCHV-adv,这款车搭载了丰田第二代燃料电池。该车依然基于汉兰达的平台改装而来,使用了4个70 MPa的储氢罐,续航里程达到了760 km。

2015年,大家熟悉的"未来"(Mirai)上线了。同年10月21日,Mirai开始在加州销售和交付。Mirai是丰田首款量产的氢燃料电池汽车。Mirai被丰田汽车视为"未来之车"。在2017年的东京车展上,丰田推出的新车型包括概念车在内,都是氢燃料电池汽车。

丰田(中国)投资有限公司董事长大西弘致表示,对"未来"实证试验就是为了验证其可行性,为应用到更广泛的商业领域做准备。他认为,"未来"是终极环保车,对节能减排有着重要的现实意义。而目前看来,"未来"此举对于中国则有捷足先登的可能。

在 2014 年以前，丰田已经在燃料电池领域取得了技术突破，可以使车用燃料电池的成本从 100 万美元降到 5 万美元，降幅高达 95%！2015 年丰田 Mirai 成为首次投放市场的量产燃料电池汽车。

丰田 Mirai 的结构（见图 1-30）与传统的汽油车或者纯电动车差别较大，与丰田普锐斯有些许相似结构。

图 1-30　丰田 Mirai（"未来"）结构

Mirai 的动力系统被称作 TFSC（Toyota FC Stack），即丰田燃料电池堆栈，是以燃料电池堆栈为核心组件的混合动力系统。TFSC 没有传统的汽油发动机，也没有变速器，发动机舱内部是电机和电机的控制单元。在驾驶舱底部布置的燃料电池堆栈是整套系统的核心，在车身后桥部分放置着一个镍氢动力电池组和前后两个高压储氢罐，Mirai 加满 5 kg 氢气就可以连续行驶 650 km。

3. 本田燃料电池汽车发展历史

本田从 1999 年开始研发燃料电池汽车，在使用巴拉德系统的同时也一直坚持自主研发燃料电池系统。本田的燃料电池汽车被认为可以与丰田 Mirai 媲美，与其一直坚持自主研发有着密切联系。

在日本，除了丰田之外，本田同样是知名的燃料电池汽车制造商。从 1999 年开始，本田一直坚持燃料电池汽车的研发，并在 1999—2003 年间坚持每年推出一款新的燃料电池汽车，每一次都有着明显的进步，在 2003 年推出 FCX-V4，其技术参数与现在的燃料电池汽车已经非常接近。

但在 2003 年后本田停止了对燃料电池汽车持续的更新，直到 2007 年才再次推出了一款燃料电池汽车 Clarity，这个名字也一直沿用到现在。2007 年之后，本田再次"断更"，直到 2016 年才重新推出了新的 Clarity Fuel Cell。

1）FCX-V1&FCX-V2

1999 年 9 月 6 日，本田汽车有限公司先后推出了 FCX-V1（见图 1-31）和 FCX-V2，两款由燃料电池驱动的原型车。这两款原型车均采用本田专为电动汽车设计的 EV Plus 车身，以及本田自己的小型驱动电机和控制系统。其中 FCX-V1 使用了来自巴拉德的固体聚合物燃料电池（PEFC），输出功率达到了 60 kW，储氢系统使用了合金储氢罐（La-Ni5）。FCX-V2 则使用了本田自产的甲醇重整器和自制的 PEFC，功率也是 60 kW。这两款车均使用了电池作为辅助系统，这是本田燃料电池汽车的原型车。

2) FCX – V3

2000年9月，本田推出了FCX – V3，如图1 – 32所示。经过了一年的时间，FCX – V3最显著的变化是使用了来自Civic GX的25 MPa高压储氢罐。燃料电池系统依然有两个版本，一个来自巴拉德，另一个则是本田自制。辅助电池系统则由电池换成了超级电容器。V3的续航里程达到了180 km。值得一提的是，FCX – V3参与了加州燃料电池合作计划（CaFCP），去美国加州进行了道路试验。

图1 – 31　本田FCX – V1燃料电池汽车

图1 – 32　本田FCX – V3燃料电池汽车

3) FCX – V4

2001年9月，本田推出了FCX – V4燃料电池汽车，如图1 – 33所示。本田对于FCX – V4进行了全新的设计，该车使用了35 MPa的高压储氢罐，续航里程也由180 km上升到300 km。2002年7月24日，本田FCX成为世界第一个获得政府认证的燃料电池汽车。

图1 – 33　FCX – V4燃料电池汽车

4) FCX

2002年9月，本田推出了FCX燃料电池汽车原型车（见图1 – 34），并于2002年12月3日在日本和美国交付首批本田FCX燃料电池汽车。FCX是世界上第一个获得美国政府批准商业化的燃料电池汽车。

2003年10月，本田推出了配备FC Stack燃料电池的FCX车型（见图1 – 35），FC Stack是一款非常紧凑的新一代燃料电池组，具有许多优异的性能，且可在低温下运行。这是世界上第一个采用冲压金属双极板和新开发的电解质膜的燃料电池系统。由此，其功率提高到了80 kW，汽车续航里程也增加到了450 km。本田开始对车辆的冷起动和驾驶性能进行公开测试，以推动燃料电池汽车的更广泛使用。

图 1-34 FCX 燃料电池汽车原型车

图 1-35 配备 FC Stack 的 FCX 燃料电池汽车

5）FCX Clarity

本田在 2003 年后结束了每年推出一款燃料电池汽车的节奏，直到 2007 年，本田终于再次发布了新的燃料电池汽车 FCX Clarity（见图 1-36），这个名字也一直沿用到了现在。本田于 2007 年 11 月在洛杉矶车展上推出了 FCX Clarity 燃料电池汽车。FCX Clarity 是一款全新设计的燃料电池汽车，由本田 V Flow 燃料电池组提供动力。该车的许多参数已经与现在的燃料电池汽车非常接近，比如燃料电池功率达到了 100 kW，使用了锂离子电池作为电池辅助系统，使用了 35 MPa 的高压储氢罐。由于使用了众多先进技术，该车的续航里程达到了 620 km。当时，本田计划在 3 年内量产 200 辆 FCX Clarity。

本田在 2016 年 3 月开始在日本销售全新燃料电池汽车（FCV）Clarity Fuel Cell（见图 1-37），也就是我们所熟知的本田 FCV Clarity。该车使用了本田自研的燃料电池系统，功率达到了 103 kW，储氢罐压力达到了 70 MPa，续航里程高达 750 km。本田自研的燃料电池系统非常紧凑，前舱就能将燃料电池系统完全容纳。

图 1-36 燃料电池汽车 FCX Clarity

图 1-37 本田全新燃料电池汽车（FCV）Clarity Fuel Cell

6）Puyo

此外，在 2007 年东京车展上，本田推出了一款燃料电池概念车 Puyo，如图 1-38 所示。该车使用把式转向取代了方向盘转向，车身可以旋转 360°，因此该车没有倒车的功能。

图 1-38 本田燃料电池概念车 Puyo

4. 中国燃料电池汽车发展

我国的氢燃料电池汽车也进行了多年的研发,从"九五"开始,到现在的"十三五",是第25个年头。

2008年北京奥运会23辆车,其中3辆大巴,20辆轿车。2009年有16辆车在美国加州进行了试验。2010年上海世博会,一共是196辆燃料电池汽车参加了运营。燃料电池功率是50 kW,锂电池的功率是20 kW,此外,还参加了新加坡的世青赛。北京奥运会用的公交车在北京801路上进行了示范运行,燃料电池的功率是80 kW。

在这之后,上汽集团进行了"2014创新征程万里行",燃料电池汽车、纯电动车和插电式混合动力汽车三种车型参加了示范,燃料电池汽车在全国14个省市自治区25个城市运行,超越10 000 km,接受了沿海潮湿、高原极寒、南方湿热、北方干燥的考验。客车方面,郑州宇通推出了第三代燃料电池客车,氢燃料加注时间仅需10 min,测试工况下续航里程超过600 km,尤其是成本下降了50%。此外,福田燃料电池客车也亮相北京奥运会和上海世博会,近年来技术又得到提升。

2016年,上海大通V80氢燃料电池版轻客,采用新源动力电池堆驱动,最高车速可达120 km/h。

2020年5月财政部发出的《关于征求〈关于开展燃料电池汽车示范推广的通知〉(征求意见稿)意见的函》显示,示范期间,要推广超过1 000辆达到相关技术指标的燃料电池汽车,平均单车累计用氢运营里程超过3万km。此次被征求意见的有北京市、山西省、上海市、江苏省、河南省、湖北省、广东省、四川省八个省市。

1)氢燃料电池汽车产业化

衣宝廉院士结合多年研发和实践工作,针对中国氢燃料电池汽车发展问题提出了五个建议。

(1)实现关键材料的批量生产。

希望有志于燃料电池事业的企业家,投资建立燃料电池关键材料与部件的批量生产线,实现燃料电池关键材料与部件的批量生产,建立健全燃料电池的产业链。

(2)提高燃料电池电池堆及系统可靠性和耐久性。

希望研究车用工况下燃料电池衰减机理的科研单位与生产电池堆和电池系统的单位真诚合作,开发控制电池堆衰减的实用方法,大幅提高电池堆与电池系统的可靠性与耐久性。

(3)加快空压机、储氢瓶和加氢站的研发、建设。

加快车用燃料电池系统用空压机与70 MPa储氢气瓶的研发和加氢站建设。加大科研投入,联合攻关;空压机也可采用引进技术,合资建厂。

(4)加速轿车用燃料电池技术的开发。

开发长寿命的薄金属双极板,大幅提高燃料电池堆的质量比功率与体积比功率;开发有序化的纳米薄层电极,大幅降低电池的铂用量和提高电池的工作电流密度;采用立体化流场,减少传质极化。

(5)加强整车的示范运行与安全试验,扩大燃料电池汽车示范运行。

2)国内氢燃料电池汽车市场化

(1)关于实现关键材料的批量生产。

目前，我们国产氢燃料电池发动机价格比国外高的其中一个因素就是我们的材料（包括催化剂、隔膜、碳纸等）都需要进口。其实这方面国内已经取得了一定的研发成果，如国内的催化剂、复合膜、碳纸等从技术水平上已经达到或超过国外商业化产品，急需产业界投入建立批量生产线，实现国产化。

（2）提高电池堆与系统的可靠性和耐用性。

现在中国的氢燃料电池汽车整体而言其实不比德国、美国、日本车差，但可靠性和耐用性还有待提高。

燃料电池系统的寿命不完全是由电池堆决定的，还依赖于系统的配套，包括燃料供给、氧化剂供给、水热管理和电控等。大连化物所在燃料电池衰减机理及控制策略方面已经开展了一些卓有成效的工作。研究表明，采用限电位控制策略，可以显著降低燃料电池起动、停车、怠速等过程引起的高电位的衰减。采用"电–电"混合策略，可以平缓燃料电池输出功率的变化幅度，对延长燃料电池的寿命起到了决定性的作用。此外，氢侧循环泵、MEA在线水监测等措施可以有效改善阳极水管理，可以提高燃料电池耐久性。

（3）关于燃料电池系统用的空压缩机与 70 MPa 储氢气瓶的研发及加氢站的建设。

这是涉及燃料电池示范运行的一个大问题。希望我们国家能够加大科研投入，联合攻关。鉴于我国在燃料电池汽车载空压机技术方面比较薄弱，建议采用引进技术与自主开发相结合，尽快推进。高压储氢气瓶方面，建议尽快建立 70 MPa IV 型瓶的法规标准，储氢气瓶成本还要进一步降低。加氢站方面，尽管国家有补贴政策，但成本还是比较高。近期，可以根据燃料电池商用车或轨道交通车区域或固定线路运行的特点，建立区域性加氢站，满足示范运行需求。随着燃料电池汽车数量的增大，加氢站也会逐步增多，这是市场发展的必然趋势。

（4）加速轿车燃料电池的开发。

商用车看重的是可靠性和耐久性，对质量比功率和体积比功率没有太高的要求；轿车是各大汽车公司比拼的焦点，因为车辆内空间有限，轿车要求质量比功率和体积比功率较高。国内我们大连化物所电池堆体积比功率已经达到了 2.7 kW/L，接近国际先进水平，还要在高活性催化剂、低 Pt 电极、有序化 MEA、3D 流场方面做些研究工作。

（5）加速燃料电池汽车示范及安全试验。

最近联合国环境开发署三期"促进中国燃料电池汽车商业化发展"示范项目已经启动，计划在北京、上海、郑州、佛山、盐城 5 个城市进行燃料电池汽车示范。此外，云浮等地方政府也在积极推动示范运行项目，这是个好事，但还远远不够，还要加大示范力度。

另外，安全性问题是老百姓比较关注的事情。一听说燃料电池带高压氢，大家都害怕。其实氢气比较轻，它的扩散系数是汽油的 22 倍，氢气漏出来以后很快就向上扩散了，不像汽油，漏出来以后就滞留在车的旁边。汽油着火是围绕整车燃烧，氢气的火是在车辆上方燃烧，所以氢气在开放空间里是非常安全的。但氢气在封闭空间的安全性要引起足够重视，例如，家用氢燃料电池汽车停在车库里，这个车库要加氢传感器，而且要加上通风装置，以防发生危险。现阶段建议载有氢燃料的车最好露天停放。

目前，我国政府非常重视新能源汽车的发展，燃料电池汽车迎来了大好的发展机遇。科研院所与企业界要联合攻关，继续完善燃料电池技术链，发展燃料电池产业链，加快促进我国燃料电池汽车商业化发展。

目前，燃料电池汽车样车开发和示范运行都已证明其技术的可行性，但要达到实用化还面临很多挑战，主要有：

（1）燃料电池的寿命需要进一步提高。

目前燃料电池的使用寿命只有 2 000~3 000 h，而实用化的目标寿命应大于 5 000 h。因此，减缓和消除工况循环下材料与性能的衰减、增加对燃料与空气中杂质的耐受力、提高 0 ℃以下储存和起动能力等成为研究热点。

（2）燃料电池的成本要大幅降低。

2005 年，美国能源部依据现有材料与工艺水平，预测在批量生产条件下燃料电池系统的成本为 108 美元/kW，2010 年达到的目标成本是 35 美元/kW。为此需要研究满足寿命与性能要求的廉价替代材料（如超低 Pt 用量的电极、高于 120 ℃高温低湿度膜等）和改进关键部件的制备工艺，并逐步建立批量生产线。

（3）解决氢源和基础设施问题。

结合本地资源情况，选择合适的制氢途径，进行加氢站的建设和示范。同时开展车载储氢材料和储氢方法研究，提高整车续航里程。

第 2 章 新能源汽车简介

 学习目标

能简要说出电动汽车包括哪几种类型；
能简要说出燃气汽车包括哪几种类型；
能简要说出燃氢汽车包括哪几种类型；
能简要说出生物燃料汽车包括哪几种类型。

2.1 新能源汽车概述

电动汽车本质是一种节能技术（Blue Way）。新能源汽车本质是节能汽车或并非完全绿色节能（Green line，绿色环保行业）产品，绿色环保行业如风能、太阳能等。原因是电动汽车充电不一定是风能或太阳能发出的电能，在世界范围内电能还是以火电为主，特别是中国更是以火电为主。当电动汽车充电的电能取自太阳能或风能，燃料电池汽车的氢气取自环保电解水制氢时才能称得上完全的绿色汽车。不过火电成本也很低，同时污染可集中处理，所以购买和使用电动汽车相比传统燃油汽车要节能和环保。

目前，由于电池能量密度的限制，电动汽车的行驶里程无法与燃油汽车相比，行驶里程还是主要制约电动汽车普及的因素。只有当电动汽车的电池能量密度技术有所突破，价格降低后，电动汽车才会普及。

2.1.1 新能源汽车概念和类型

工业和信息化部2009年6月17日公布，7月1日正式实施的《新能源汽车生产企业及产品准入管理规则》明确指出：新能源汽车是指采用非常规的车用燃料作为动力来源（或使用常规的车用燃料，但采用新型车载动力装置），综合车辆的动力控制和驱动方面的先进技术，形成的技术原理先进、具有新技术和新结构的汽车。

2016年10月20日工业和信息化部第26次部务会议审议通过《新能源汽车生产企业及产品准入管理规定》自2017年7月1日起施行，原工业和信息化部2009年6月17日公布的《新能源汽车生产企业及产品准入管理规则》废止。规定说明：新能源汽车是指采用新型动力系统，完全或者主要依靠新型能源驱动的汽车，包括插电式混合动力（含增程式）

汽车、纯电动汽车和燃料电池汽车等。

从规定可知，插电式混合动力（含增程式）汽车、纯电动汽车和燃料电池汽车本质是新型动力系统，也仍是2009年6月17日的电动汽车，差别是将混合动力汽车中的非插电式混合动力汽车从中删除。而新型能源驱动的汽车仍包括气体燃料汽车、生物燃料汽车、氢燃料汽车等。所以，新能源汽车仍然包括电动汽车、气体燃料汽车、生物燃料汽车、氢燃料汽车等。

1. 电动汽车

配置大容量电能储存装置，行驶的里程中全部或部分由电机驱动完成的汽车统称为电动汽车。电动汽车包括纯电动汽车（见图2-1）、油电混合动力汽车（见图2-2）和燃料电池汽车（见图2-3及图2-4），目前的新能源汽车主要是指以上三种电动汽车。

图2-1 纯电动汽车电力驱动系统组成前驱车型　　图2-2 纯电动汽车电力驱动系统组成后驱车型

图2-1 日产纯电动汽车（聆风）LEAF

图2-2 丰田混合动力普锐斯（PRIUS）

图2-3 奔驰燃料电池汽车

图2-4 韩国NEXO燃料电池汽车

2. 气体燃料汽车

气体燃料汽车包括天然气（见图2-5）、液化石油气、两用燃料汽车和双燃料汽车。两用燃料汽车又分为两用非混合燃料汽车和两用混合燃料汽车。

（1）两用非混合燃料汽车是指具有两套相对独立的供给系统，一套供给天然气或液化天然气（LNG），另一套供给天然气或液化石油气之外的燃料，两套燃料供给系统可分别但不可同时向气缸供给燃料的汽车，如汽油/压缩天然气两用燃料汽车等。

（2）两用混合燃料汽车是指具有两套燃料供给系统，一套供给压缩天然气（CNG）或

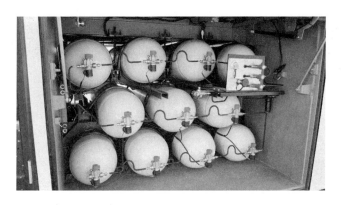

图 2-5 压缩天然气（CNG）

液化石油气，另一套供给天然气或液化石油气之外的燃料，两套燃料供给系统按预定的配比向气缸供给燃料，在气缸混合燃烧的汽车，如柴油-液化石油气双燃料汽车等。

两用非混合燃料汽车在出租车上较多见，目前，两用混合燃料汽车仍未批量生产。

3. 生物燃料汽车

生物燃料汽车指燃用生物燃料（见图 2-6）或燃用掺有生物燃料的燃油（见图 2-7）汽车，目前主要包括乙醇燃料汽车（E10 乙醇汽油车）和生物柴油汽车。与传统汽车相比，生物燃料汽车结构上无重大改动，排放总体上较低，国内有一定的应用。

图 2-6 沃尔沃生物燃料汽车

图 2-7 长城生物燃料汽车

4. 氢燃料汽车

氢燃料汽车是以氢气作为主要能量驱动的汽车。氢气内燃机在汽车上的应用方式有三种：纯氢内燃机、氢/汽油双燃料内燃机、氢-汽油混合燃料内燃机。

使用氢气为燃料的内燃机，其实研发已有一段时间了，不过一直没有进入实际量产的阶段。不过在 2006 年 7 月 17 日，福特（Ford）将全世界第一具量产 V10 氢气引擎（见图 2-8）下线以后，这种情形已然改变。这也使得 Ford 成为全世界第一家把氢气引擎正式量产的车厂。这具 6.8 L 机械增压的 V10 引擎，会提供给 Ford 旗下的 E-450 氢气燃料小巴士使用，如图 2-9 所示。

图2-8 福特氢内燃发动机
(Ford 6.8 L 的 V10 引擎)

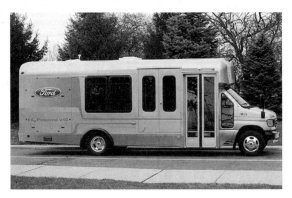
图2-9 E-450 氢气燃料小巴士

当然,还有利用太阳能(见图2-10)、原子能等其他能量形式驱动的汽车。原子能汽车中,1 t 的钍能制造出 1×10^{10} W·h 的电,利用钍作为汽车电力,只要 8 g 就相当于加了 6 万 gal[①] 的油,几乎相当于一辈子加一次,就不用再补充。凯迪拉克推出概念核动力车"WTF"(见图2-11),WTF 是 World Thorium Fuel(钍燃料)的缩写,该车的两个后轮之间有一个微型铀元素核反应堆,能够把水变成高压蒸汽,进而驱动汽车前进。

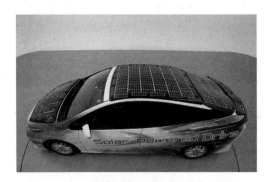
图2-10 丰田太阳能汽车

图2-11 凯迪拉克推出概念核动力车"WTF"

上面提到的大多类型新能源汽车当前在我国为研发阶段,批量生产的较少。而天然气(CNG)和液化天然气(LNG)汽车尽管为新能源汽车,但因其技术较简单,同时主要应用在重型货车,很少专业性的介绍。当下批量生产的新能源汽车只有纯电动(EV)和插电式混合动力(PHEV)汽车。燃料电池汽车(FCEV)在中国发展和日本发展相比差距较大,成本一直降不下来,还需要时间。

2.1.2 电动汽车概念和类型

1. 纯电动汽车

纯电动汽车(Battery Electric Vehicle,BEV),它是完全由可充电电池(如铅酸电池、镍镉电池、镍氢电池或锂离子电池)提供动力源的汽车。铅酸电池能量密度低且污染严重,

---

① 加仑,1 gal(美)= 3.785 412 L,1 gal(英)= 4.546 092 L。

用铅酸电池的低速电动汽车是不列入新能源汽车的，主要是不能满足高速电动汽车（以下称电动汽车）的性能指标，作混合动力汽车的电源是可以的。

虽然纯电动汽车已有100多年（1881年开始）的悠久历史，但一直仅限于某些特定范围内应用，市场较小。其主要原因是由于各种类别的蓄电池，普遍存在价格高、寿命短、外形尺寸和质量大、充电时间长等严重缺点。

其中，纯电动汽车的电来自煤、水力、风力、铀、太阳能等发电系统。

2. 混合动力电动汽车

混合动力电动汽车是指使用电机和传统内燃机（汽油机/柴油机）联合驱动的汽车。按动力耦合方式的不同可以分为串联式、并联式和混联式。混合动力汽车按是否充电分为混合动力汽车（HEV）和插电式混合动力汽车（PHEV）。

混合动力电动汽车的主要特点在于：采用小排量的发动机降低了燃油消耗；将制动和下坡时的能量回收到蓄电池中再次利用，降低了燃油消耗；在繁华市区，可关停内燃机，由电机单独驱动，实现"零排放"。

3. 燃料电池电动汽车

燃料电池电动汽车（FCEV）是利用氢气和空气中的氧在催化剂的作用下在燃料电池中经电化学反应产生的电能驱动的汽车。其特点主要表现在：燃料电池的能量转换效率可高达60%~80%，为内燃机的2~3倍；燃料电池零排放，不会污染环境；氢燃料来源不依赖石油燃料。

2.2 我国新能源汽车发展

2.2.1 电动汽车发展的社会环境

汽车是现代社会的重要交通工具，为人们提供了便捷、舒适的出行服务。然而传统燃油车辆在使用过程中产生大量的有害废气，造成了危害生存的疾病的产生，如图2-1所示。另外，汽车数量增加造成了城市拥挤，并加剧了对不可再生石油资源的依赖。最后，油价的上涨和暴跌也影响着社会对电动汽车的需求。

1. 在环境方面

如图2-12所示，交通能源消耗也是造成局部环境污染和全球温室气体排放的主要原因之一。调查研究表明，平均而言大气污染的42%来源于交通运输。据《2015中国环境状况公报》统计，全国338个地级以上城市中，有73个城市环境空气质量达标，占21.6%；265个城市环境空气质量超标，占78.4%。全国338个地级以上城市的PM2.5平均浓度为50 μg/m³。最新《2018中国环境状况公报》统计中全国338个地级及以上城市，121个城市环境空气质量达标，占全部城市数的35.8%，比2017年上升6.5个百分点；217个城市环境空气质量超标，占64.2%。以上数据说明国家在环境方面下了大的力气，空气质量在变好，但汽车造成的空气环境污染仍是必须重视的问题，否则一切的环境努力都将功亏一篑。

(a) (b)

图 2-12 汽车对环境的污染

(a) 柴油车对环境的污染；(b) 汽油车对环境的污染

2. 在汽车数量方面

我国汽车产销保持快速增长，道路上拥挤的汽车流如图 2-13 所示。智研咨询发布的《2020—2026 年中国新能源汽车行业发展风险评估及发展前景分析报告》数据显示，长期看，扩产周期仍处于早期，预计 2025 年中国汽车产量将达到 3 500 万辆左右，新能源汽车占汽车产销的 20% 以上，这意味着 2025 年中国新能源汽车产销的目标为 700 万辆。

图 2-13 道路上拥挤的汽车流

3. 在能源供给方面

中石油经济技术研究院发布的《2018 年国内外油气行业发展报告》显示，2018 年我国天然气进口持续高速增长，超过日本成为全球第一大天然气进口国，对外依存度大幅攀升至 45.3%，石油对外依存度也上升至 69.8%。

2020 年 1 月中石油经济技术研究院发布《2019 年国内外油气行业发展报告》显示，2019 年我国三大石油公司全力保障国家能源安全，加大国内勘探开发力度，勘探开发形势好转。根据报告，2020 年国内成品油需求增速继续放缓，炼油能力增势不减，测算我国 2025 年炼油能力将升至 10.2 亿 t/年，超过美国居世界第一位。成品油供应将继续过剩，净出口可能将一举突破 6 000 万 t，超过韩国成为亚太地区最大的成品油出口国。

4. 国际油价变动的影响

国际油价方面，在 2008 年原油突破了 140 美元/桶，在 2010 年 11 月—2014 年 9 月，国际原油月度平均价格有 48 个月都处于 90 美元/桶以上的水平。这段时间的油价维持高位促进了全世界对电动汽车研发、生产和销售。

另外，也要注意到国际原油价格的暴跌也会在短时期延缓新能源汽车的发展。2020 年 1 月由于美国对伊朗及俄罗斯的制裁，2020 年的原油价格不到 30 美元/桶，且穆迪对 WTI 原油 2021 年预测为 40 美元/桶。

2.2.2 发展电动汽车的社会效益和环境效益

1. 污染小

纯电动汽车和燃料电池电动汽车在本质上是一种零排放汽车，一般无直接排放污染物，间接污染物主要产生于非可再生能源的发电与氢气制取过程。其污染物可以采取集中治理的方法加以控制；混合动力电动汽车在纯电动行驶模式下同样具有零排放的效果，同时由于减少了燃油消耗，CO_2 排放可降低 30% 以上。另外，电动汽车比同类燃油车辆噪声也低 5 dB 以上，大规模推广电动汽车将大幅降低城市噪声。

2. 节约能源

据测算，燃油从开采到传统汽车利用的平均能量利用率仅为 14% 左右，采用混合动力技术后，能量利用率可以提高 30% 以上。纯电动汽车可以利用电网夜间波谷充电，提高了电网的综合效率。

3. 优化能源消耗结构

由于电动汽车具有能源来源多元化的特点，各种可再生能源可以转化为电能或氢能加以有效利用。

2.2.3 我国新能源汽车发展现状

1. 汽车销售

我国新能源汽车产业经过近 20 年的发展，产销规模已突破 100 万辆，跃居全球第一。从全球新能源乘用车市场来看，我国已连续四年占据全球第一。据 EVSales（美国新能源汽车销量统计网站）统计，2018 年全球新能源乘用车共销售 200.1 万辆，其中中国市场占 105.3 万辆，超过其余国家总和。

我国新能源汽车产业未来发展空间巨大。2019 年上半年国内新能源汽车销售 61.7 万辆，同比增长 49.6%，其中乘用车 56.3 万辆，同比增长 57.7%。从渗透率来看，2018 年我国新能源汽车销量达到 125.6 万辆，约占全部汽车销量的 4.5%；截至 2019 年 6 月我国新能源汽车保有量约 344 万辆，而传统燃油车保有量达到 2.5 亿辆，新能源汽车保有量渗透率不到 1.4%，成长空间广阔。

2. 双积分政策

以双积分政策为核心构建新能源汽车发展长效机制。2019 年 7 月工信部发布《乘用车企业平均燃料消耗量与新能源汽车积分并行管理办法》修正案（征求意见稿），主要体现出三点变化：

（1）传统燃油车油耗趋严，鼓励发展低油耗车型；

（2）新能源汽车（NEV）积分下调，比例要求提高；

（3）NEV 积分允许结转，延续中小企业考核优惠。

新《积分办法》的出台意味着新能源汽车发展重回节能减排本质，国家大力发展新能源战略不变，但对能耗要求提高，鼓励低油耗车型、插电混动车型等多技术路线发展。新办法将推高新能源积分价值，托底新能源汽车增速，为行业长期发展保驾护航。合理假设情况下，新 NEV 积分政策可提升 2021、2022、2023 年新能源乘用车产量 70、75、80 万辆左右。

3. 扩大对外开放

放开外资股比限制，扩大对外开放、鼓励国际竞争。《外商投资准入特别管理措施（负面清单）》（2019 年版）规定除专用车、新能源汽车外，汽车整车制造的中方股比不低于 50%，同一家外商可在国内建立两家及两家以下生产同类整车产品的合资企业。2020 年取消商用车制造外资股比限制，2022 年取消乘用车制造外资股比限制以及同一家外商可在国内建立两家及两家以下生产同类整车产品的合资企业的限制，外资车企股比限制放开，将提高外资新能源车企在华建厂的积极性。

4. 分级别

德国大众在开始推广它的平台战略时，将车型平台按照大小和定位，分成 A00 级、A0 级、A 级、B 级、C 级、D 级六个级别。按照德国汽车分级标准，A 级（包括 A0、A00）车是指小型轿车；B 级车是中档轿车；C 级车是高档轿车；而 D 级车则是豪华轿车，其等级划分主要依据轴距、排量、质量等参数，字母顺序越靠后，该级别车的轴距越长、排量和质量越大，轿车的豪华程度也不断提高。

新能源乘用车呈现大型化、高端化趋势。我国新能源乘用车逐渐往大型化、高端化方向转型。2019 年上半年共销售 50.7 万辆 EV 乘用车，其中 A00、A 级车分别销售 13.7 万辆、26.7 万辆，A 级车市占率 52.7%，已取代 A00 成为 EV 乘用车市场主力；2019 上半年共销售 13.7 万辆 PHEV 乘用车，其中 A、B、C 级车分别销售 7.4 万辆、4.9 万辆、1.4 万辆，A 级车市占率 54.0%，较 2017 年下降 27.5 个百分点。

EV 乘用车向高端车型转变，主要受政策和市场两方面因素驱动：①补贴政策要求续航里程门槛提升；②市场端代步车销量下滑。A00 级车主要是代步车，因成本小、价格低、叠加共享汽车市场爆发，补贴降低。

PHEV 乘用车向高端车型转变也受政策和市场两因素驱动，不过驱动因素有所不同：①双积分政策倒逼部分高端车企生产 PHEV 乘用车；②明星车型出现。2018 年上市的宝马 530Le 和 2019 年上市的奥迪 A6Le 皆为 C 级车，获得市场青睐，推动了 PHEV 市场 C 级乘用车销量。

5. 分终端

私人消费占比提升，私人消费者已成我国新能源汽车领域购买主力。2018 年我国私人领域新能源汽车销售 55.5 万辆，占比 53.9%，连续两年占比过半。公共领域新能源汽车销售 47.5 万辆，其中出租租赁、企事业单位、城市公交占大头，合计占据 39.4% 的市场份额。

2.2.4 正确认识自我

2019年国内新能源乘用车生产企业按照背景可分为三大阵营：传统自主品牌、造车新势力、外资品牌。目前造车新势力仍处于量产初期，仅蔚来、小鹏、威马、理想等少数几家企业实现量产交付，不过销量都未超过2万辆。

受此前股比限制与补贴影响，外资新能源车企发力较晚，当前主要以合资形式进入本土市场，如大众与江淮、宝马与长城、奔驰与比亚迪等。目前国内新能源乘用车市场仍是传统车企主导。2019年国内新能源乘用车市场销量前十名皆为传统汽车品牌。2019年商用车市场前十名占据76.0%的市场份额，相比2016年上升4个百分点。新能源客车市场集中度一直在提升，主要是由于存量市场的龙头品牌效应。

经过多年发展，目前"三电"技术（电池、电机和电控）水平快速提升，续航里程提升明显。动力电池作为新能源汽车三大核心零部件之一，新能源汽车产业快速增长，直接催生了配套动力电池的技术进步。一方面动力电池正极材料从磷酸铁锂转向三元材料，另一方面由普通三元材料向高镍方向转变，两方面共同促进了动力电池系统能量密度的提升。我国新能源汽车用动力电池技术水平不断提升，本土动力电池厂商已处于全球第一阵营。

尽管如此，也不能过于乐观，民企汽车毕竟起步时间短、起点低，技术和资金不能与国有企业相比，还会受到国有的中外合资汽车企业的市场挤压，导致民企全部徘徊在低档汽车的品牌和技术领域。

2.3 新能源汽车补贴政策及变化

2.3.1 获得新能源汽车补贴的条件

1. 国家补贴

首先需要明确不是所有的新能源车都可以获得补贴，据2013年9月《关于继续开展新能源汽车推广应用工作的通知》显示，纳入中央财政补贴范围的新能源汽车应是符合要求的纯电动汽车、插电式混合动力汽车和燃料电池汽车。其中"符合要求"是指新能源车辆需要进入《节能与新能源汽车示范推广应用工程推荐车型目录》，而进入该目录的车型，是从列入国家工信部《车辆生产企业及产品公告》中挑选出来的，而只有自主、合资等国产车型才会被列入这一公告中。

国家补贴和城市有关。如果满足示范城市或区域的条件，可编制新能源汽车推广应用实施方案，提交四部委，择优确定示范城市名单。也就是说，只有进入示范名单的城市才可以。

2. 地方补贴

理论上，可以获得国家补贴的新能源车，也自然会得到地方政府补贴。但经过调查后发现，这种理论未必在哪里都行得通。比如，在北京享受地方补贴的新能源车并不包括插电式混动车型，且只有进入北京市自己制定规则的《北京市示范应用新能源小客车生产企业和产品目录》的纯电动车、燃料电池汽车才能享受政府补贴。

2014年7月免征新能源汽车车辆购置税的决定在国务院常务会议上获得通过。这是继加大补贴力度、给予牌照优惠政策、加快充电桩建设后的又一政策。以目前新能源汽车发展的情况，需求速度低于预期，新能源汽车购置税若大幅减免，将有效降低消费者购车成本，促进新能源汽车销量增长。因此随着电动汽车购置税的免征，未来新能源汽车的需求有望进一步提升。

2.3.2 新能源汽车补贴政策

国家对2012年年底示范运行的新能源汽车补助包括混合动力车（含插电式混合动力车）、纯电动车、燃料电池车（乘用车和轻型商用车），按节油率和电功率比不同，补助标准也不同，对微混、中混、重混都有补助，最低0.4万元，最高5.0万元，纯电动车补助6万元，燃料电池车补助25万元。

2013年9月，国家相关部门出台了《关于继续开展新能源汽车推广应用工作的通知》，其中明确了在2013—2015年，对消费者购买新能源汽车继续给予补贴。但在《关于继续开展新能源汽车推广应用工作的通知》中对2013年新能源汽车（纯电动乘用车和插电式混合动力乘用车）按纯电续航里程（工况法）不同提供不同补助标准。2013年和2014年新能源补贴对比如表2-1所示。

表2-1 2013年和2014年新能源补贴对比（补助标准幅度降低5%）

车辆类型	纯电续驶里程 R（工况）		
	80 km ≤ R < 150 km	150 km ≤ R < 250 km	R ≥ 250 km
纯电动乘用车（2013年）	3.50万元/辆	5.00万元/辆	6.00万元/辆
纯电动乘用车（2014年）	3.325万元/辆	4.75万元/辆	5.70万元/辆
包括增程式在内的插电式混合动力乘用车（2013年）	R ≥ 50 km，3.50万元/辆		
包括增程式在内的插电式混合动力乘用车（2014年）	R ≥ 50 km，3.325万元/辆		

2013年5月《关于继续开展新能源汽车推广应用工作的通知》中，对混合动力公交客车没有补助，而只对纯电动客车和插电式混合动力客车给予补助。

（1）车长6~8 m的电动客车补助30万元，车长8~10 m的电动客车补助40万元。

（2）车长10 m以上的电动客车补助50万元，插电式混合动力车补助25万元。

（3）对超级电容器、钛酸锂快充电动客车补助15万元。

（4）对燃料电池乘用车和商用车补助分别为20万元和50万元。

（5）对纯电动专用车（邮政、物流、环卫等），以蓄电池能量（每kW·h补助2 000元）给予补助，每辆车不超过15万元。这是《关于继续开展新能源汽车推广应用工作的通知》中专门列出对纯电动专用车给予补助。

这项政策对混合动力城市客车生产企业来说是沉重的打击，因为至 2012 年年底，25 个示范运行城市示范运行车辆中 50% 以上为混合动力客车，各客车生产企业都在扩大推动混合动力客车，而纯电动客车的生产企业只有安凯、申沃、恒通等为数不多的几家。

2014 年新能源汽车补贴标准：按四部委 2013 年 9 月 13 日出台的政策，纯电动乘用车等 2014 年和 2015 年的补助标准将在 2013 年标准基础上下降 10% 和 20%。但新标准调整为：2014 年在 2013 年标准基础上下降 5%，2015 年在 2013 年标准基础上下降 10%，从 2014 年 1 月 1 日起开始执行。

从 2013 年开始补贴，直至 2020 年补贴标准连续下降。

2.3.3 财政补贴的变化

财政补贴自 2017 年开始明显退坡，2019 年继续加速退出，2020 年后完全退出。从 2013 年至今，工信部联合其他部委先后发布 6 份新能源汽车购置补贴通知文件，4 次调整财政补贴标准引导市场走向：

（1）退坡力度加大。

（2）鼓励高能量密度、低电耗技术。

（3）补贴转向运营端和基础设施建设。2018 年 11 月国家发展和改革委员会、国家能源局、工业和信息化部、财政部印发了"关于《提升新能源汽车充电保障能力行动计划》的通知"，要求引导地方财政补贴从补购置转向补运营，逐渐将地方财政购置补贴转向支持充电基础设施建设等环节。

2.4 电动汽车仪表

2.4.1 电动汽车仪表的类型

纯电动汽车仪表是在传统燃油车仪表的基础上删除了一部分燃油车仪表功能，增加了电动汽车仪表功能。混合动力汽车则是在传统燃油车仪表的基础上基本不删除原来仪表功能，增加了电动汽车仪表功能。

提示：仪表不一定是真正意义的指针表，可以采用数字模拟条状指示器以及数字显示等。

1. 丰田普锐斯 2012 款仪表

丰田普锐斯 2012 款仪表显示有安全带指示灯、上电准备就绪指示灯 READY、油箱油量指示灯（E 为空 Empty，F 为满 Full）、经济模式指示灯 ECO MODE、车速表 km/h、百公里油耗 L/100 km、换挡执行指示灯（R、N、D 挡）、电子驻车指示灯 P、电池容量模拟指示（电池图形）、充电状态指示灯 CHG（Chargering）、纯电动模式指示灯 EV、动力模式指示灯 PWR（POWER）、长/短里程（703.8 km）、油耗（4.9 L/100 km）、平均车速显示（27 km/h），如图 2-14 所示。

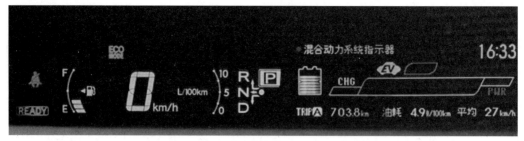

图 2-14　丰田普锐斯 2012 款仪表

2. 日产聆风纯电动汽车仪表

日产聆风纯电动汽车仪表（见图 2-15）显示有锂离子电池温度表（最左侧）、功率表 POWER（14 个圆圈）、多功能显示器、锂离子电池容量表（0 为空，1 为满）、锂离子电池需要充电指示灯、可续航里程指示 33 miles[①]、驱动轮未锁止 PARK 驻车制动指示灯（车下双向箭头）、内外循环切换指示灯（双箭头）、开门警告灯（中央显示屏）、P 挡指示灯、长里程指示 1 186 miles、短里程指示 30.6 miles、安全带警告灯。

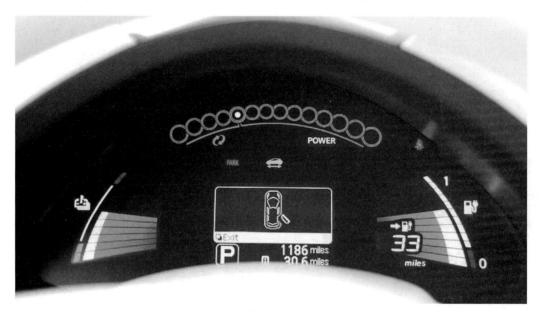

图 2-15　日产聆风纯电动汽车仪表

3. 丰田 FCEV-4 燃料电池汽车仪表

丰田 FCEV-4 燃料电池汽车仪表如图 2-16 所示，图中显示有氢气罐存量表（E 为空，F 为满）、经济模式（ECO MODE）指示灯、里程表 547 miles、车速表 0MPH（每小时 0 英里）、加氢指示灯 H_2、车外温度指示 68 ℉、雷达就绪指示灯 REDAR READY、换挡执行指示灯（R、N、D）、驱动轮电子驻车指示灯 P、上电准备就绪指示灯 READY、时间显示 7∶59、巡航指示灯（右下角加箭头的车速表符号）。

---

① 英里，1 miles = 1.609 344 km。

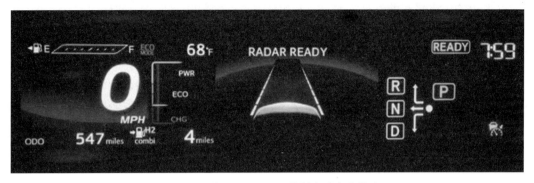

图 2-16 丰田 FCEV-4 燃料电池汽车仪表

4. FCX Clarity 燃料电池汽车仪表

FCX Clarity 燃料电池汽车仪表显示有电池容量表（E 为空，F 为满），功率表 POWER，储氢量表 H_2，换挡执行指示灯（R、N、D），里程显示 426 km，汽车铭牌显示 FCX CLARITY，车外温度显示 21 ℃，驱动轮锁止用电子驻车指示灯 P，如图 2-17 所示。

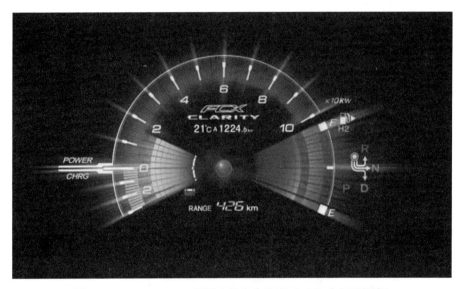

图 2-17 FCX Clarity 燃料电池汽车仪表（LED 全图形仪表）

2.4.2 电动汽车指示灯、故障灯和警告灯

1. 上电就绪指示灯

上电就绪指示灯 READY [见图 2-18（a）] 点亮说明动力蓄电池的高压电已加至变频器，即高压配电箱的继电器已完成上电工作。当车辆的上高压元件有故障时，高压配电箱可能不会上电，指示灯相应也不会点亮。

2. 整车控制故障灯

整车控制故障灯 [见图 2-18（b）] 点亮说明整车控制器监测到有故障，通常这时不会上电成功，意味着车辆无法行驶，需要排除故障。

3. 变频器或电机故障灯

变频器或电机故障灯［见图 2-18（c）］点亮代表变频器有故障或电机有故障了，通常这时不会上电成功，意味着车辆无法行驶，需要排除故障。

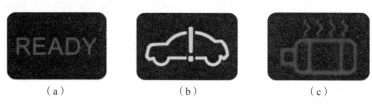

图 2-18　电动汽车指示灯和故障灯

(a) 上电就绪指示灯；(b) 整车控制（VCU）故障灯；(c) 变频器或电机故障灯

4. 电池管理系统故障灯

电池管理系统故障灯［见图 2-19（a）］点亮代表电池箱内的电池管理系统监测到电池故障，通常这时不会上电成功，意味着车辆无法行驶，需要排除故障。

5. 动力电池断开指示灯

动力电池断开指示灯［见图 2-19（b）］用来指示高压处于下电状态。

6. 高压绝缘报警灯

高压绝缘报警灯［见图 2-19（c）］高压绝缘下降提醒信息，当绝缘电阻和爬电距离低于规定值时应通过信号装置提醒驾驶员。

绝缘电阻可包括动力蓄电池绝缘电阻、动力系统和车辆电底盘之间绝缘电阻、动力系统和辅助电路之间绝缘电阻，爬电距离包括蓄电池连接端子间的爬电距离、带电部件与电底盘之间的爬电距离。

7. 电池过热报警灯

电池过热报警灯［见图 2-19（d）］代表电池箱内的电池管理系统监测到电池过热故障，通常这时不会上电成功，意味着车辆无法行驶，需要排除故障。

图 2-19　电动汽车指示灯、故障灯和警告灯

(a) 电池管理系统（BMS）故障灯；(b) 动力电池断开指示灯；
(c) 高压绝缘报警灯；(d) 电池过热报警灯

8. 动力模式指示灯

动力模式指示灯［见图 2-20（a）］是在操作动力模式开关后，在仪表上用来指示的指示灯。启动动力模式后，在同样加速踏板深度的情况下，电机转矩动力输出偏大，车速相应较快，但行驶距离会变短。

9. 经济模式指示灯

经济模式指示灯［见图2-20（b）］是在操作经济模式开关后，在仪表上用来指示的指示灯。启动经济模式后，在同样加速踏板深度的情况下，电机转矩动力输出偏小，车速相应较慢，但行驶距离会变长。

10. 纯电动模式指示灯

纯电动模式指示灯［见图2-20（c）］是混合动力汽车上特有的模式开关，在操作此开关后，在仪表上用来指示的指示灯。启动纯电动模式后，混合动力汽车在电池电量允许的范围内，先以电机作为行驶的能量源，在电池电量降低到刚能起动发动机前才自动取消纯电动行驶，起动发动机实现混合动力行驶。

图2-20 电动汽车指示灯

(a) 动力模式指示灯；(b) 经济模式指示灯；(c) 纯电动模式指示灯

11. 电容存电量不足指示灯

电容存电量不足指示灯［见图2-21（a）］用于蓄电池剩余容量下限提醒信息，当动力蓄电池剩余容量低于某个百分数（例如25%）时，应通过信号装置提醒驾驶员。

12. 充电枪已连接指示灯

当充电枪插入车辆上的充电插座时，充电枪已连接指示灯［见图2-21（b）］点亮，表示车辆上的充电插座有充电枪插入。

图2-21 电动汽车指示灯

(a) 动力电池急需充电（电量低）指示灯；(b) 充电枪已连接指示灯

13. 换挡杆还没在P挡警告灯

当驾驶员离开车辆，如果驱动系统仍处于"可行驶"状态，换挡杆还没在P挡警告灯点亮，提醒驾驶员防止这种情况下车辆自动行驶，如图2-22（a）所示。

14. 减速箱P挡驻车锁车电机控制故障灯

减速箱P挡驻车锁车电机控制故障灯［见图2-22（b）］亮起时，表明电动汽车减速箱的锁止和释放操作已失效，这时若处于锁止状态车辆将不能行驶，或处于未锁止状态将导致驱动轮无法驻车。

图 2-22 电动汽车警告灯和故障灯

(a) 换挡杆还没在 P 挡警告灯；(b) 减速箱 P 挡驻车锁车电机控制故障灯

15. 其他电动汽车指示灯

动力蓄电池的电压表一般不设计，一些电动汽车设计了也只是采用数字显示。驾驶员踩下加速踏板时，数字显示的电压变动量大，数字变动太快，对驾驶员基本没有意义。

动力电池电流一般不设计，若设计时多采用指针表或条状指示表，用来测量流过动力蓄电池的电流。在仪表的标度盘上应规定准确的 0 位置，对于具有再生制动功能的车辆，在标度盘 0 位置的两个方向上都应标示出正常工作电流的范围。少数国产电动汽车会采用数字显示，这种情况不太合理，容易引起驾驶员的过多关注，导致驾驶员注意力不集中。

实际中电机转速突变较快，一般不设计电机转速表表盘，若设计多采用指针表或条状指示表，当转速超过某一规定值，应特别明显地标示出来。当电机超速时，电机超速提醒信息最好用声信号连同光信号向驾驶员发出警告。

第 3 章
典型纯电动汽车

> **学习目标**
>
> 能说出聆风纯电动汽车主要组成。
> 能说出轿车纯电动汽车传动系统的组成。
> 能说出客车纯电动汽车传动系统的组成。

根据 2016 年的规定，新能源汽车包括纯电动汽车、插电式混合动力汽车、燃料电池汽车三种，但每种的不同种类也对应不同的具体结构，本章针对纯电动汽车（Battery Electric Vehicle，BEV）进行详细讲解。

3.1 日产聆风（Leaf）

3.1.1 日产 Leaf 简介

日产 Leaf 纯电动汽车采用现款日产骐达车型的基础上开发的新一代电动车，是全世界最早商业化的电动汽车，具有电动车特殊设计的底盘布局，采用锂离子电池驱动电机，提供超过 160 km 的续航里程，以满足一般消费者的驾车需求，如图 3 – 1 所示。

图 3 – 1　日产 Leaf 整车

3.1.2 基本参数

日产 Leaf 整车基本参数：交流电机最大功率 80 kW、最大扭矩 280 N·m、复合锂离子电池 24 kW·h、最大输出功率 90 kW、能量密度 140 W·h/kg、功率密度 2.5 kW/kg、电池单体数目 48 个，并具有电动车特殊设计的底盘，锂离子电池设置在底盘下方，如图 3-2 所示。

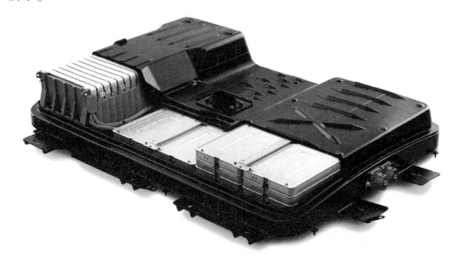

图 3-2 日产 Leaf 底盘电池箱

[消费指导] 纯电动汽车资质长在底盘上，因为行驶动力源采用发动机、电机不是法规要求，但底盘的制动、转向和车身的安全程度是有法规强制要求。纯电动汽车一定要有配合电动汽车的底盘系统和车身。一般电动汽车电池布置在前、后两轴之间，这样有利于汽车重心位置降低，也有利于转向、制动和驱动。2015 年之前国内许多纯电动汽车以原来的燃油汽车车身试制改造，电池布局在后备厢内或吊挂在车底。电池布局在后备厢内时导致前悬架的转向、制动和驱动力变小，而电池吊挂在车底时导致底盘和地的间隙过小。

3.1.3 充电方式

为了提升纯电动汽车的实用性，日产 Leaf 提供两种充电接口和两种充电方式，如图 3-3 所示。其中，快速充电接口可在 30 min 内充电 80%；而慢速充电接口利用一般家庭 220 V 电源进行充电，则需约 8 h 完成充电。

[消费指导] 充电接口是经常插拔的部件，在强度上要求一定要高，早期（2015 年之前）国内许多电动汽车的充电接口在开启外保护罩和充电口座的支架上强度不够，使用几十次就损坏了，给客户带来了不便。

3.1.4 系统结构和功能

日产 Leaf 的整车主要部件位置如图 3-4 和图 3-5 所示。图 3-5 中序号对应部件的名称及其功能如表 3-1 所示。

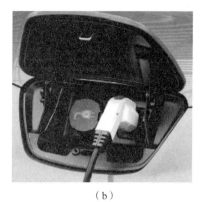

图 3-3 日产 Leaf 充电接口

(a) 快速充电接口；(b) 慢速充电接口

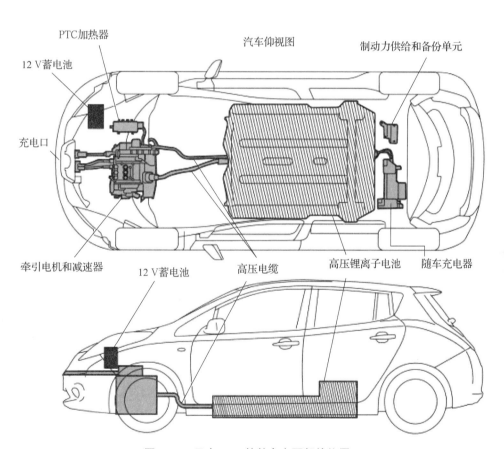

图 3-4 日产 Leaf 的整车主要部件位置 1

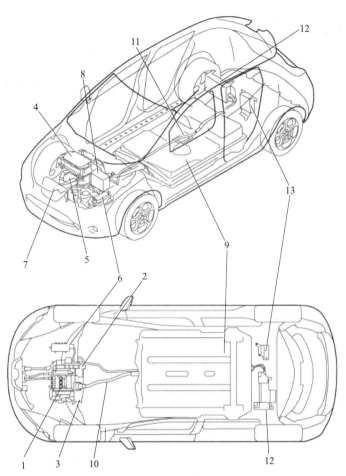

图 3-5 日产 Leaf 的整车主要部件位置 2

表 3-1 日产 Leaf 整车主要部件功能

序号	名称和功能	序号	名称和功能
1	三相牵引电机：用于驱动汽车	8	12 V 蓄电池：用于全车控制系统和汽车电器供电
2	减速器：起固定速比的减速作用	9	锂离子电池：提供 400 V 供电电压
3	DC/DC 转换器：将锂离子高压直流转换为低压 12 V 直流，为 12 V 铅酸蓄电池充电	10	高压电缆：用于连接高压部件
4	逆变器：将蓄电的高压直流转换为三相交流	11	维修塞：检修时，用于断开高压
5	电动压缩机：采用逆变控制电机转速来驱动压缩机	12	随车充电器：将家用 220 V 交流转成 220 V 直流，再转换成直流标称电压 403.2 V
6	PTC 加热器：用正温度系数电阻制成，采用高压为车内部驾驶员取暖	13	电力备份单元：内置电容器组，在 12 V 蓄电池出现故障时，耗放电能
7	充电接口：直流快充和交流慢充		

3.2 典型纯电动汽车的组成

目前,商品化的纯电动汽车为单轴的单电机结构。多电机结构由于成本高、技术控制难度大使用较少。未来,多电机结构应用于商品化轿车中可能性不是很大。所以,本书仅针对单电机结构的电动汽车,弄懂了单电机结构后,多电机结构的电动汽车就不难了。

3.2.1 单电机轿车

1. 电机驱动系统的组成

如图 3-6 所示,单电机轿车的电机驱动系统由锂离子电池、电动汽车变频器、电机三部分组成的动力系统,以及二级减速器和差速器组成的传动系统组成。

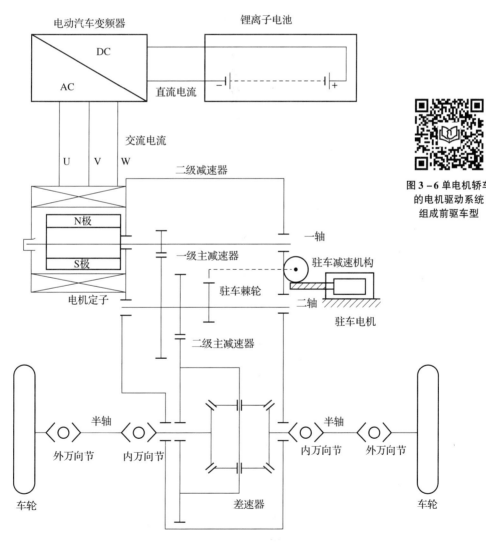

图 3-6 单电机轿车的电机驱动系统组成前驱车型

图 3-6 单电机轿车的电机驱动系统组成(前驱车型)

2. 电机驱动系统的工作原理

锂离子电池的电能经正、负两条供电电缆加到变频器上,变频器将直流电换流为三相交流电给电机,电机转动后,转速经减速箱里的二级主减速器降速增扭后到达差速器,经差速器两侧半轴到车轮。

3. 具体操作

电子换挡杆位于 D 挡时电机正转,位于 R 挡时电机反转,位于 N 挡时电机停转,位于 P 挡(或按下 P 挡开关)时驻车电机经减速机构制动驻车棘轮阻止驱动轮转动。

3.2.2 单电机客车

1. 电机驱动系统的组成

如图 3-7 所示,客车采用后驱动形式,与前驱动形式的电机驱动系统相比,后驱动形式的电机驱动系统主要是采用了两挡或三挡的变速器,以增加电机的效率。通过在客车上增加变速器,可降低动力电池的电压、变频器的容量和电机的功率,从而在一定程度上降低电动汽车成本,也降低了传动系统的噪声。

2. 电机驱动系统的工作原理

锂离子电池的电能经正、负两条供电电缆加到变频器上,变频器将直流电换流为三相交流电给电机,电机转动后,转速经变速箱里的两挡变速器降速增扭后到达传动轴,经传动轴到主减速器再到差速器,经差速器两侧半轴到车轮。

3. 具体操作

同样也是电子换挡杆位于 D 挡时电机正转,位于 R 挡时电机反转,位于 N 挡时电机停转。客车的 P 挡制动系统位于 P 挡(或按下 P 挡开关)时与传统汽车相同。例如在液压制动的汽车上,中小型车上采用中间传动轴制动方式。在大型客/货车通常采用气压制动的汽车上,通过解除(放掉)制动鼓中气压实施弹簧制动,实现后轮驻车(通常也是驱动轮)。

国内一些低档客车也有采用取消变速器的电机驱动系统,这种车型通常是试制中的产品。取消变速器后,不仅增加了客户购车时电池、变频器和电机的成本,也增加了未来的使用成本。

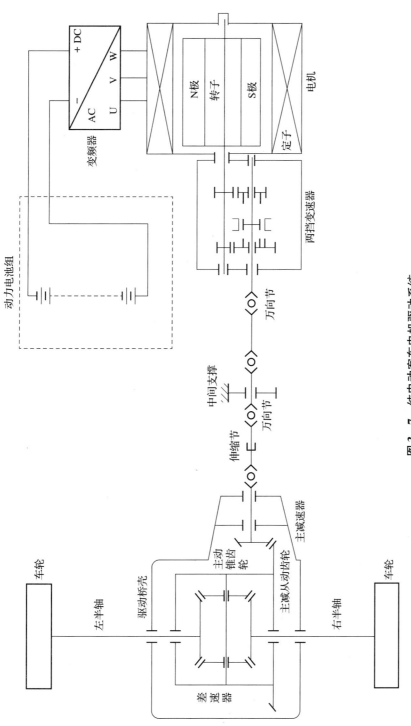

图 3-7 纯电动客车电机驱动系统

第 4 章 典型混合动力汽车

学习目标

能说出汽车节油四原则的内容。
能说出串联混合动力汽车的原理和特点。
能说出并联、轻混混合动力汽车的原理和特点。
能说出并联、中混混合动力汽车的原理和特点。
能说出混联、重混混合动力汽车的原理和特点。
能说出插电、非插电混合动力汽车的特点。

4.1 混合动力汽车节油特点分析

4.1.1 发动机节油四原则

1. 小排量发动机

日常汽车行驶时需要发动机实际输出的功率很低，一般不足发动机最大功率的 1/3。小排量发动机也称降排量（Downsize），以提高发动机的负荷率，达到节油的目的。对比一下传统发动机的断缸控制，断缸控制就是利用小负荷工况采用少数气缸工作，提高发动机负荷率以达到节油。试想，如果电机在汽车急加速需要大扭矩的工况下对发动机提供足够的助力，所以在混合动力汽车上采用小排量发动机＋电机的油电混合动力技术是可行的。

2. 取消停车怠速技术

工作原理：当混合动力汽车遇到红灯或堵车时，挂空挡 N 后，发动机将自动熄火；当驾驶员重新挂 D 挡，松开制动踏板的瞬间，高压电机将快速起动发动机，这种情况取消了发动机的怠速工况，可以做到节油。

使用该技术，在综合工况下可节油 5%～10%、减少 CO 排放 5%，在拥堵的市区节能效果能达到 10%～15%，还能减少 CO 排放、噪声污染以及发动机积炭。消除怠速工况对节油和降低排放非常有利。

3. 工作在经济区

调节发动机载荷，也就是控制发动机电子节气门的开度，使电子节气门的开度更多地脱离驾驶员对加速踏板的控制，这样可使发动机多数情况下能工作在燃油经济区。具体方法：当发动机负荷小时，让发动机开大电子节气门，多输出的功率用来发电，并由动力电池存储，以提高发动机的负荷率；当发动机负荷大时，发动机并不是开大电子节气门来处理汽车行驶阻力的增加，而是将发动机小负荷工况开大电子节气门时多输出的存储在动力电池的电能输出给电机，实现对发动机的助力。由于小负荷开大电子节气门时发出的电能是在发动机高效率时发出的，所以，尽管经过了机械能 – 电能 – 化学能 – 电能 – 机械能这样的转换，最终效率仍高于直接用发动机处理这种工况的效率。

4. 制动能量回收

制动时或减速时，车轮拖动电机进行发电，实现制动时能量回馈给动力电池。车身质量巨大，平动速度高时一次减速放出的能量巨大，巨大能量全部一次回收到电池中是不现实的，但一次回收 10% 左右是可行的。

要实现制动能量的回收，汽车制动系统需要有较大改进才能实现。比如防抱死制动系统（ABS）/车身电子稳定系统（ESP）的开发商需要开发与电动汽车相适应的制动电控单元和液压调节器，这种制动系统通常称为线控制动系统。

[**专家指导**] 整车轻量化、减少风阻、提高发动机效率和减少传动系统能量损失称为整车节油四原则，小排量发动机、取消怠速、工作在经济区、制动能量回收这四个节油原则只是从发动机角度来说的，混合动力技术只是通过提高发动机效率实现节油的一种方法。

4.1.2 节油贡献率

混合动力汽车的节油控制策略如表 4-1 所示。

表 4-1 混合动力汽车的节油控制策略

序号	控制策略	功能具体描述	节油贡献度/%
1	发动机起停	消除停车时的发动机怠速，降低油耗	3~5
2	纯电动驱动	车辆低速行驶时，电机驱动，解决发动机小负荷运行的低效率问题； 发动机停机时，达到零油耗和排放	5~10
3	电机助力	急加速、大油门行驶时，电机助力，保证必需的加速性； 利于发动机维持在经济区运行； 后置电机可以保持动力无中断，改善平顺性	5~8
4	发动机单独驱动	正常行驶发动机单独驱动（发动机 Downsizing）	5~10
5	发动机驱动并充电	发动机驱动同时，电机发电，维持发动机工作在经济区； 电池充电，维持电量平衡	5~7
6	再生制动	滑行、制动时，电机按比例再生发电，充分回收制动能量； 对轿车，更需要与 ABS/EBS 协调控制	7~10

4.1.3　混合动力汽车工况控制

1. 纯电动行驶工况

在动力电池荷电状态[①]（State of Charge，SOC）充足，同时驾驶员踩下加速踏板的深度较浅（驾驶员没有想快的意思），电动汽车被控制在纯电动驱动工况。一般当电池荷电状态低于设定的下限值的40%或驾驶员踩下加速踏板的深度较深时，由驱动电机（轻混型）或另一个电机（重混型）来起动发动机。

2. 低速小负荷行驶工况

在轻载或低速行驶工况，若电池 SOC 低于设定下限值 SOC – low，发动机起动工作，并恒定工作在设定的某一转矩，在驱动汽车行驶的同时，驱动电机给电池组充电直到 SOC 达到设定下限值 SOC – low 与上限值 SOC – hi 的平均值 SOC – ave；若 SOC 不低于设定下限值 SOC – low，发动机处于关闭状态，电机独立工作驱动汽车行驶工况。通过设定合理的发动机最小工作转矩和发动机最低工作转速，可在满足驾驶员行驶意图的同时，避免发动机工作于怠速与低转矩运行工况，从而大大改善了整车燃油经济性能和排放性能。

3. 中速中负荷行驶工况

中速中负荷行驶工况（即巡航工况）是行驶的主要工况，该工况汽车的行驶功率全部由发动机提供。若电池 SOC 低于设定下限值 SOC – ave，发动机在驱动汽车行驶的同时，驱动电机给电池组充电；若 SOC 不低于设定的平均值 SOC – ave，电机处于关闭状态，发动机单独工作驱动汽车行驶。

4. 加速和高速行驶工况

在加速和高速行驶工况，发动机和电机必须联合协调工作，才能让汽车获得良好的动力性能。当电池 SOC 小于下限值 SOC – low 时，发动机功率仅用于驱动汽车行驶；当电池 SOC 大于下限值 SOC – low 时，电机和发动机共同工作驱动汽车行驶。

5. 减速制动行驶工况

在减速制动工况下，根据电池 SOC 和整车制动转矩需求，电机再生制动系统和机械制动系统可单独工作或同时工作。

6. EV 模式行驶工况

当驾驶员将纯电动行驶模式按钮 EV 按下时，仪表显示 EV 符号，整车进入纯电动驱动工况，这时动力电池电能尽最大努力以纯电动工况行驶。

当油箱无油时出现发动机停机后，为了不妨碍交通的需要，需要紧急移动车辆，可使用电动模式进行纯电动行驶，脱离道路中央。

4.2　混合动力汽车分类

混合动力汽车通常按结构、混合度和有无外接充电电源进行分类。

[①] 蓄电池使用一段时间或长期搁置不用后的剩余容量与其完全充电状态的容量的比值，常用百分数表示。

4.2.1 按结构分类

1. 串联式

串联式混合动力汽车也称为"增程式"电动汽车。图 4-1 所示为串联式混合动力汽车简化结构示意图,串联就是与车轮直接机械连接的仅有电机。串联式混合动力汽车的工作方式就是用传统内燃机直接通过发电机为电池充电,然后完全由电机提供的动力驱动汽车。其目的在于使内燃机长时间保持在最佳工作状态,仍然达到减排的效果。具体说内燃机输出的机械能首先通过发电机转化为电能,转化后的电能一部分用来给蓄电池充电,另一部分经由电机和传动装置驱动车轮。和燃油车相比,它是一种内燃机辅助型的电动车,主要是为了增加车辆的行驶里程。由于在内燃机和发电机之间的机械连接装置中没有离合器,因而它有一定的灵活性。尽管其传动结构简单,但它需要三个驱动装置:内燃机、发电机和电机。如果串联式混合动力汽车设计时考虑爬长坡,为提供最大功率三个驱动装置的尺寸就会较大,如果用作短途运行如当通勤车用或只是用于购物,相应的内燃机发电机装置应采用低功率的。这种形式的好处是内燃机可以不受行驶状态的影响,一直处于最佳工作状态,对于改善排放大有好处,但转换效率偏低。丰田曾经将这种串联形式应用在考斯特上,并进行了批量生产。

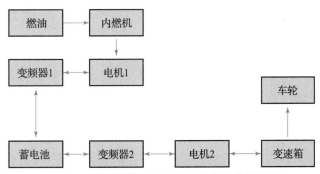

图 4-1 串联式混合动力汽车简化结构示意图

串联式混合动力汽车的工作过程如下。

(1) 纯电动工况:蓄电池→变频器 2→电机 2→变速箱→车轮;
(2) 内燃机起动:蓄电池→变频器 1→电机 1→内燃机;
(3) 车辆原地发电:内燃机→电机 1→变频器 1→蓄电池;
(4) 串联行驶时:内燃机→电机 1→变频器 1→蓄电池→变频器 2→电机 2→变速箱→车轮。

2. 并联式

图 4-2 所示为并联式混合动力汽车简化结构。所谓并联式混合动力,即电机和内燃机并行排布,动力可以由两者单独提供或是共同提供。在并联混合动力系统中,电机同时也是发电机,其作用是让内燃机尽量靠近最有效率状态,达到节油的效果。并联混合动力汽车受电机和电池能力的限制,仍然要以内燃机为主要动力。但由于保留了常规汽车的动力传递形式,在效率上更高。

与串联式混合动力汽车不同的是,并联式混合动力汽车采用内燃机和电机两套独立的驱动系统驱动车轮。内燃机和电机通常通过不同的离合器来驱动车轮，可以采用内燃机单独驱动、电力单独驱动或者内燃机和发电机混合驱动三种工作模式驱动。从概念上讲，它是电力辅助型的燃油车，其目的是降低排放和燃油消耗。当内燃机提供的功率大于驱动电动车所需的功率或者再生制动时，电机工作在发电机状态，将多余的能量充入电池。与串联式混合动力电动汽车比较，它只需两个驱动装置：内燃机和电机；另外，在蓄电池放完电之前，如果要得到相同的性能，并联式比串联式混合动力电动汽车的内燃机和电机的体积要小。即使在长途行驶时，内燃机的功率可以达到最大，而电机的功率只需发出一半即可。

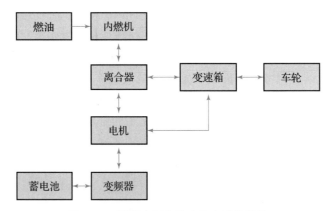

图 4-2　并联式混合动力汽车简化结构

并联式混合动力汽车的工作过程如下。

（1）纯电动工况：蓄电池→变频器→电机（离合器断开）→变速箱→车轮；

（2）内燃机起动：蓄电池→变频器→电机→离合器闭合→内燃机；

（3）车辆原地发电：内燃机→离合器闭合→电机→变频器→蓄电池；

（4）并联行驶时：第一路为内燃机→离合器闭合→变速箱→车轮，第二路为蓄电池→变频器→电机→变速箱→车轮；

（5）能量回收：车轮→变速箱→电机→变频器→蓄电池。

3. 混联式

图 4-3 所示为混联式混合动力汽车简化结构，混联形式顾名思义就是结合了并联和串联两种形式的优点。其在并联的基础上，将发电机和电机分离，这样电机在运转过程中也能进行充电，使车辆能以串联和并联两种形式工作。目前的混合动力汽车基本属于这种模式。混联式混合动力电动汽车在结构上综合了串联式和并联式的特点，与串联式相比，它增加了机械动力的传递路线；与并联式相比，它增加了电能的传输路线。尽管混联式混合动力电动汽车同时具有串联式和并联式的优点，但其结构复杂、成本高。不过，随着控制技术和制造技术的发展，现代混合动力电动汽车更倾向于选择这种结构。

混联式混合动力汽车的工作过程如下。

（1）纯电动工况：蓄电池→变频器 2→电机 2→主减速器→车轮；

（2）内燃机起动：蓄电池→变频器 1→电机 1→行星排太阳轮（内齿轮固定或转动）→行星架→内燃机；

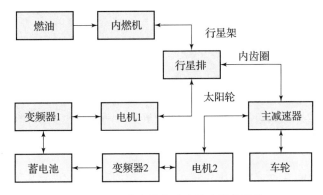

图 4-3 混联式混合动力汽车简化结构

（3）车辆原地发电：内燃机→行星排内齿圈（内齿轮固定）→太阳轮→电机 1→变频器 1→蓄电池；

（4）串联行驶时：内燃机→行星排内齿圈（内齿轮转动）→太阳轮→电机 1→变频器 1→蓄电池→变频器 2→电机 2→主减速器→车轮；

（5）并联行驶时：内燃机→行星排行星架→行星排内齿圈→主减速器→车轮，同时加上串联过程中电机 2 的输出。

4.2.2 按混合度分类

混合度指在驱动时，电机的电功率占动力源总功率的百分比。动力源总功率为蓄电池给电机的功率和发动机的功率之和。

按混合度不同，混合动力汽车可分为微混型、轻混型、中混型和重混型四种。

1. 微混合动力

混合度小于等于 5% 的称为微混合动力，微混型也称停启（Stop-Start）式（但停启式未必是微混型）。

在交通拥堵的城市，可以实现 5%~10% 的节油率。微混合动力车型的电机基本不具备驱动车辆的功能，最多是在急加速时对发动机起微弱的助力作用，所以更多用作迅速起动发动机实现 Stop-Start 功能。

例如，奔驰 Smart for Two MHD（见图 4-4）、别克君越 ECO-Hybrid（见图 4-5）等就属于这种类型。其优点是汽车结构改变很小，成本增加很少，易于实现，成为很多乘用车的标准设置。其主要缺点是当停车需要空调时，由于发动机需要工作，所以大多数情况下没有起停功能能起作用的工况。

2. 轻混合动力

混合度在 5%~15% 的为轻混合动力。在这种类型中，发动机依然是主要动力，电机不能单独驱动汽车，只是在爬坡或加速时辅助驱动，平时主要使用发动机动力，电池电机在汽车加速爬坡时提供辅助动力，同时具有制动能量回收和"起停"功能；发动机排量可减少10%~20%，节油率可达到 10%~15%；技术难度相对小，成本增加不多。图 4-6 所示为典型的奔驰 S400 混合动力早期款汽车，其锂离子电池位置如图 4-7 所示。

图4-4　Smart for Two MHD

图4-5　别克君越 ECO-Hybrid

图4-6　奔驰 S400 混合动力早期款汽车

图4-7　锂离子电池位于发动机空调箱内

轻混合动力汽车的特性：车辆停止时，关闭发动机。起步和加速时电机起辅助发动机作用。减速/制动时，发动机依据传统电控发动机系统控制而执行断油模式，并将获得的再生制动能量充入蓄电池。有技术结构较简单、成本低、应用广泛的优势。

3. 中混合动力

混合度在 15%~40% 的为中混合动力。与轻混型相比，中混合动力汽车的电池数量增加，电机功率增加，电机能单独驱动汽车，因而有技术结构较简单、成本低、应用广泛的优势。国内大多合资生产的混合动力汽车就是这种类型的。典型车辆如新款的奥迪 Q5（见图 4-8）及奔驰 A350（见图 4-9）混合动力汽车等。

图4-8　奥迪 Q5 混合动力汽车

图4-9　奔驰 A350 混合动力汽车

4. 重混合动力

混合度在 40% 以上的为重混合动力。中混型和重混型这两类车型可由电机或发动机单独驱动，丰田普锐斯就属此类。重混合动力汽车的电机和发动机可以分别独立或联合驱动车辆，低速起步、倒车和低速行驶时可以纯电动驱动，同时具有制动能量回收和"起停"功能；电机的功率约为发动机功率的50%，节油率可达到30%～50%；技术难度较大，成本增加多。典型车型如凯迪拉克CT6（见图4-10）插电式混合动力汽车、丰田普锐斯混合动力汽车（见图4-11）。

图4-10　凯迪拉克CT6插电式混合动力汽车　　　　图4-11　丰田普锐斯混合动力汽车

4.2.3　按有无外接充电电源分类

按充电方式不同，混合动力汽车可分为非插电式混合动力汽车（Hybrid Electric Vehicle，HEV）和插电式混合动力汽车（Plug-in Hybrid Electric Vehicle，PHEV）两种。图4-12所示为插电式混合动力示意图。

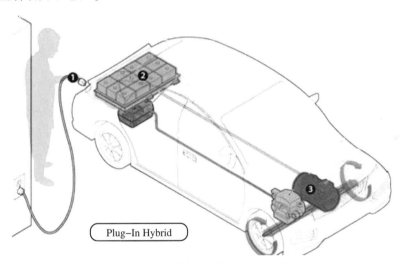

图4-12　插电式混合动力示意图

1—充电插头；2—蓄电池组；3—电机

1. 非插电式混合动力系统（HEV）

非插电式混合动力系统（HEV）不能外接充电，蓄电池的电能在下降一定数值（如60%）时，由发动机工作带动高压发电机给蓄电池充电，大多数这种充电是在发动机处于高效率工况时。

2. 插电式混合动力系统（PHEV）

插电式混合动力系统是根据欧美驾车习惯而来的，能外接充电，更有利于节能减排。国外研究机构根据资料统计得出结论，法国城镇居民 80% 以上日均驾车里程少于 50 km，美国汽车驾驶员也有 60% 以上日均行驶里程少于 50 km，80% 以上日均行驶里程少于 90 km。因此，在车辆上安装一套巨大的电池组，使其电量足以撑过这一里程，就可以在大部分日常行驶中达到零排放。

插电式混合动力系统的特征是可由电能单独驱动，并配备一个大容量的可外部充电的蓄电池组，显著的特性是可通过停车场的 380 V 或家庭 220 V 交流电源进行充电，也可通过充电站的直流充电桩进行快速充电。插电式混合动力汽车电机的功率接近发动机，可实现较长距离的纯电动行驶，电池容量依纯电动行驶里程来选定，电池成本增加很多，节油率在不计电能时最大可达到 100%。

比亚迪 F3 DM 和雪佛兰 VOLT，以及长春一汽新能源汽车公司下线并投入市场的奔腾 B50 插电式混合动力轿车都属于这种类型。

4.3 微混型

4.3.1 微混定义

微混型电机功率较小，电机通电能起动发动机，发动机起动后运行时，电机转换为发电机。除上述电动和发电功能外，电机在急加速时若还能对发动机实现助力功能，这种汽车就称为微混型混合动力汽车。这种电机在通电时当电机用，电机在发动机拖动下转动后又能当发电机用，通常称为 ISG（Integrated Starter & Generator，集成起动机/发电机）。

图 4-13 所示为采用 12×3=36（V）[也称为 14×3=42（V）系统] ISG 电机的微混结构。结构中将 ISG 电机安放在传统汽车发电机的位置，ISG 电机通过皮带来驱动发动机曲轴的结构也通常被称为 BAS（Belt Alternator Starter）或 BSG（Belt Starter Generator）。

图 4-13　采用 ISG 电机的微混结构

【特别指出】 当打开发动机的机舱盖,若看见有图 4-9 中三根电缆的电机,电机若没有辅助发动机助力功能时,即仅有起动发动机功能和发电机功能时则称为怠速起停功能(不是微混)。

4.3.2 微混结构

图 4-14 所示为君越 BAS 混合动力系统结构,起动机/发电机总成厂家称为 MGU,是 Motor/Generator Unit 缩写,译为电机/发电机单元,也就是 ISG 电机。它有在起动发动机时当电动机使用,而在发动机运行时当发电机使用的双重功能,并在汽车加速时给发动机提供一定的助力。

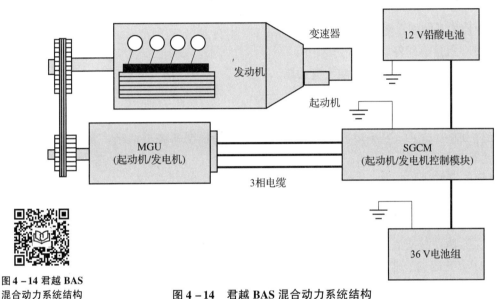

图 4-14 君越 BAS 混合动力系统结构

起动机/发电机功率控制模块厂家称为 SGCM,是 Starter/Generator Control Module 的缩写,译为起动机/发电机控制模块,也就是电机的变频器。

铅酸电池(12 V)和变速器附近的起动机为初次起动发动机使用。当发动机运行中自动停机后,自动起动过程是由 36 V 镍氢电池(Ni-MH)组给电机通电起动发动机使用。

君越混合动力汽车工作过程如下:

(1) 燃油供给阶段。

发动机正常工作,消耗燃油。

(2) 加速电机助力。

当驾驶员踩下加速踏板比较深时,由电机对车辆进行电动助力。

(3) 智能充电阶段。

电机由发动机带动旋转,电池组尽可能地从发动机小负荷工作过程中通过发电增加发动机负荷而发电。

(4) 减速断油阶段。

当车辆进入滑行阶段或停下来后,发动机被切断燃油供应,在某些滑行期间,为了保证扭矩的平顺性，电机也将转动。

（5）再生制动阶段。

再生制动阶段指当车辆减速时，发动机停止供油，变矩器锁止，车辆带动发动机转动，电机此时作为发电机进行发电，发电机相当于车辆的负载，对车辆有制动作用（类似于发动机制动），系统进入再生制动阶段。

4.4 轻混型

4.4.1 轻混型混合动力汽车的功能

轻混合动力系统的车辆具有以下四种功能：
（1）发动机怠速起停功能。
（2）制动或减速实现再生制动发电功能。
（3）电机有辅助驱动功能。
（4）电机有高压发电功能。

混合动力控制单元（Hybrid Control Unit，HCU）会根据驾驶员请求（加速踏板踩下深度），电池箱能量存储单元的状态（能允许放出的电量），电驱动系统状态（停车、行车）以及整车状态等控制 ISG 的工作模式，自动实现以上四种功能。

4.4.2 轻混型混合动力汽车的结构

早期的奔驰轻混型混合动力汽车其动力系统结构如图 4-15 所示，由六缸发动机、电机、七速自动变速器、锂离子电池、功率控制模块（电机变频器）、12 V 交流发电机、双向 DC/DC 转换器组成。功率控制模块和 DC/DC 转换器采用了双电动冷却循环泵的设计。

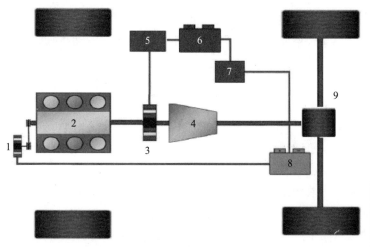

图 4-15 奔驰 400 的混合动力系统结构

1—12 V 发电机；2—内燃机；3—电机；4—七速变速箱；5—锂离子电池；
6—电力电子模块；7—DC/DC 转换器；8—12 V 蓄电池；9—驱动桥

图 4-15 奔驰 400 的混合动力系统结构

其他系统结构如下：转向系统采用了液压电动转向系统（HEPS）；制动系统采用了电动真空泵辅助发动机给真空助力器提供助力，ABS控制单元配合电机实现再生制动；空调采用电动空调压缩机。

高档轿车中如奔驰和宝马等轻混型混合动力汽车仍采用原车液力自动变速器，为防止变速器内离合器油压过低，在液力自动变速器基础上增加了电动自动变速器（ATF）油泵。

4.5 中 混 型

4.5.1 中混型混合动力汽车的功能

中混合动力系统的车辆具有以下五种功能：
(1) 纯电动驱动功能。
(2) 发动机怠速起停功能。
(3) 制动或减速实现再生制动发电功能。
(4) 电机有辅助驱动功能。
(5) 电机有高压发电功能。

4.5.2 中混型混合动力汽车的结构

目前许多中混型混合动力汽车采用如图4-16所示的结构。

图4-16 中混型混合动力系统结构

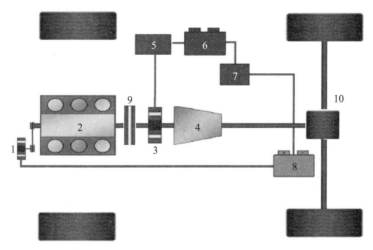

图4-16 中混型混合动力系统结构

1—12 V发电机；2—内燃机；3—电机；4—七速变速箱；5—锂离子电池；6—电力电子模块；
7—DC/DC转换器；8—12 V蓄电池；9—离合器；10—驱动桥

工作原理：离合器9为常开式，电机3单独工作实现纯电动工况；当电池电量低或驾驶员踩下加速踏板深度大时，离合器9由常开转为常闭式实现并联混动，其他工况与轻混型相同，不再赘述。

4.6 通用 Volt 串联式混合动力汽车

4.6.1 增程式电动汽车

增程式电动汽车（Extended–Range Electric Vehicle，E–REV），也就是串联式混合动力汽车，因其只有电机驱动，有时也称为纯电动汽车。Volt（沃蓝达）是通用汽车雪佛兰品牌的增程式电动汽车，它是目前世界最有影响力的串联式混合动力车型之一，技术先进。如图4–17所示，它由车载充电机（Plug–in）、锂离子电池组（Li–ion Battery Pack）、汽油机带动的发电机（Petrol Engine and Generator）、电机（Electric Motor）等组成。

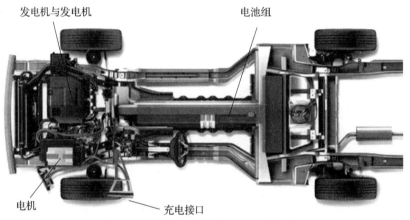

图4–17 通用 Volt 增程式电动汽车

4.6.2 串联式混合动力汽车的基本结构

串联式混合动力汽车的化学能、电能、机械能传递示意图如图4–18所示。

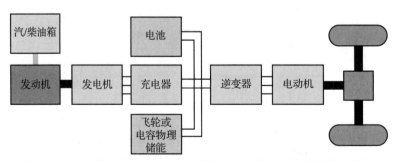

图4–18 串联式混合动力汽车的化学能、电能、机械能传递示意图

4.6.3 Volt 动力系统结构

Volt 增程式电动汽车于2010年7月在北美上市，是世界首款量产增程式汽车，其结构示意图如图4–19所示。增程器由1.4 L 汽油发动机和永磁直流发电机组成。在 Volt 中，主驱动电机和发电机与行星齿轮机构集成设计，称为 Voltec 系统。两台电机之间通过行星齿轮

机构驱动车辆。与前述基本结构不同的是，Volt 还包括两个离合器 C1、C2 和一个制动器 B。根据车辆不同的行驶模式，通过控制离合器和制动器使得发电机处于不同的工作状态。

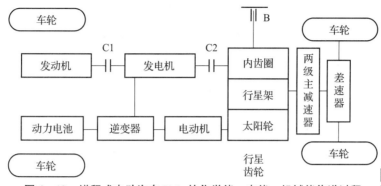

图 4-19 增程式电动汽车 Volt 的化学能、电能、机械能传递过程

4.6.4 工作模式

通用雪佛兰 Volt 的化学能、电能、机械能传递过程参考图 4-19。

1. 模式 1（低速纯电力驱动）

在该模式下，齿圈被制动器 B 锁止，而离合器 C1 与离合器 C2 均处于脱开状态。因此发电机与发动机以及行星齿轮均无接触，两者都不工作。太阳轮通过行星齿轮减速后将动力传输给行星架和输出轴驱动车轮，因而车辆仅由主驱动电机驱动。

2. 模式 2（高速纯电力驱动）

随着车速提升，主驱动电机的转速也随之加快。考虑到保护主驱动电机 MG2 为降低转速，就不适合再仅仅由单电机驱动。因此，这一模式被设计成离合器 C1 分离，离合器 C2 接合，发电机与齿圈连接，电机 MG1 和电机 MG2 合力驱动车辆。此时发电机 MG1 从动力电池中获取能量以输出动力。而双电机驱动，使得电机转速从 6 500 r/min 降低至 3 250 r/min。但是，内燃机没有参与到提供动力的进程中来。

3. 模式 3（低速增程）

当 Volt 的电池组达到其设定的电量剩余临界点时，第三种模式将启动。离合器 C1 和制动器 B 工作，此时内燃机就会直接驱动电机 MG1 进行发电，而由于齿圈固定不转，车辆仍然是由主驱动电机 MG2 驱动。主驱动电机从电池以及由发动机带动发电机产生的电力组合中获取电能，从而驱动车辆。

4. 模式 4（高速增程）

与模式 2 一样，高速增程模式下双电机驱动模式将再次启用。制动器 B 脱开，离合器 C1、C2 同时接合。车辆的驱动力来自电机和发动机的动力耦合。

4.6.5 发动机

通用雪佛兰 Volt 的动力系统如图 4-20 所示，四缸内燃机带动发电机可输出 53 kW 的充电功率，为蓄电池充电和行驶时提供能量。

图 4-20　通用雪佛兰 Volt 的动力系统

4.6.6　T 形电池箱

Volt 的 T 形电池箱（见图 4-21）内部有超过 288 包电池（96 组），电压 386.6 V，总重大约 170 kg，可提供 16 kW·h 电量，不过电池实际可放能量约为 8.8 kW·h。Volt 内含 16 kW·h 锂离子电池和车载充电机，控制器显示电池电量充到 85% 的 SOC 时认为电池饱和，随车会配置 120～240 V 住宅式的交流插头和电缆。这样设计是为了防止电池过充和过放，而在 SOC 为 85% 荷电状态认为电池已充满，在 SOC 为 30% 荷电状态认为电量放光。汽油发动机监测到电量低于 30% 水平时会自动起动发动机拖动发电机发电，将电量维持在 SOC 为 30% 以上，即不再允许电池放电，适时可以给电池充电或等待回家充电。

图 4-21　Volt 的 T 形电池箱

Volt 最终上市的电池包质量应该在 170 kg，电池运行的最低温度在 0～10 ℃，当 Volt 在寒带地区使用时，会考虑在插电充电时，先加热电池然后再进行充电和工作（锂离子电池低温充电易损坏，也很难充入电能）。

电子控制单元（ECU）依靠电池电量表的存量来控制何时起动汽油发动机，加一次油发出的电能加充在蓄电池中的能量和可让这台电机在纯电动状态下行驶 1 030 km。

4.7 第二代丰田普锐斯混合动力汽车

4.7.1 丰田普锐斯品牌

丰田普锐斯（Prius）是史上第一款量产的混合动力汽车，1997年量产上市，2001年普锐斯在中国上市第一代，到2004年推出第二代，2009年4月丰田第三代普锐斯上市。丰田普锐斯是第一款销售量超100万辆的混合动力汽车，自1997年量产上市以来，至2007年在全球40多个国家的销售数量接近120万辆，其中美国、日本分别超过70万辆、30万辆，美国市场的月销量都接近于1.5万辆，占美国同期混合动力汽车市场50%。

截至2017年1月底，丰田混合动力车型在全球累计销量已达1 004.9万辆，在业内占据了绝对优势。

4.7.2 丰田普锐斯的组成部件

1. HV 蓄电池

第二代普锐斯的 HV 蓄电池有168个镍氢蓄电池（1.2 V×6单体×28组），额定电压为DC 201.6 V。通过这些内部改进，蓄电池具有紧凑、质量轻的特点。镍氢蓄电池的单体和单体之间为双点连接，这样的改进使蓄电池的内部电阻得以降低。变频器总成中配有增压转换器，它可以将 HV 蓄电池输出的额定电压 DC 201.6 V 增压到最大值 DC 500 V。MG1、MG2 桥电路和信号处理器/保护功能处理器集成在 IPM（集成动力模块）中以提高车辆性能。集成在变频器总成中的空调变频器为空调系统中的电动变频压缩机提供电能。将变频器散热器和发动机散热器整合为一，更加合理地利用了空间资源。

2. 电机

通过提高 MG1 转子的强度，使其最大可输出转速为 10 000 r/min，从而提高了充电能力。MG2 转子内的永磁铁变为 V 形结构，使扭矩和输出功率增大。

对于 MG2 控制，在 MG2 的中速范围内引入了新研制的过调控制系统。

3. 控制系统

HV ECU 中的 CPU 由16位变为32位，提高了处理信号的速度。发动机 ECU 中的 CPU 由16位变为32位，提高了处理信号的速度。蓄电池 ECU 优化结构后，蓄电池 ECU 更加紧凑。蓄电池 ECU 中的 CPU 由16位变为32位，提高了处理信号的速度。制动防滑控制 ECU 中的 CPU 由16位变为32位，提高了处理信号的速度。通信上与 THSII 控制系统相连的主要的 ECU（HV ECU、蓄电池 ECU、发动机 ECU 和制动防滑控制 ECU）间采用了 CAN（控制器局域网）通信网络来建立通信。

4. 发动机

第二代丰田普锐斯采用1.5 L小型发动机，集合了各式混合动力系统的优势：发动机和发电机可根据行驶状况共同驱动或分开单独使用；停驶时自动停止发动机，减少能量浪费；更有效地控制发动机和电机，加速反应快。

4.7.3 电力无级变速驱动桥

混合动力变速驱动桥由发电机 MG1、驱动电机 MG2 和行星齿轮组成。普锐斯混联式混合动力系统结构如图 4-22 所示,混联式是串并联相结合的系统,这种混合动力系统是由点燃式发动机和两台采用永久磁铁的三相交流电机组成。两台三相交流永磁电机(MG1 和 MG2)可以作为发电机运行,也可作为电动机运行。内燃机与两台电机通过行星齿轮机构相互连接。MG2 和驱动轮的差速器通过传动链条和齿轮连接在一起。

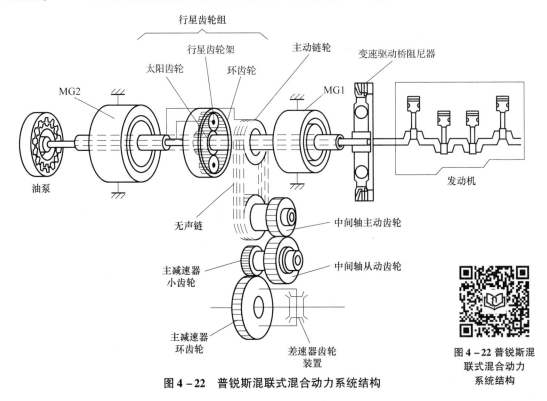

图 4-22 普锐斯混联式混合动力系统结构

变速驱动桥主要包括变速驱动桥阻尼器(本质是带扭转减振的飞轮)、MG1、MG2 和减速装置(包括无声链、中间轴主动齿轮、中间轴从动齿轮、主减速器小齿轮和主减速器环齿轮),行星齿轮组、MG1、MG2、变速驱动桥阻尼器和主动链轮都安装在同心轴上,动力从主动链轮传输到减速装置。

4.8 一汽奔腾 B50 插电式混合动力汽车

4.8.1 B50 PHEV 性能

奔腾 B50 PHEV 采用双电机全混合结构,具备混合动力所具有的发动机怠速停机、纯电动、发动机单独驱动、联合驱动、串联驱动、制动能量回收的功能,具备插拔式可外接充电(Plug – in) 功能。

奔腾 B50 PHEV 将原型车采用的 1.6 L 发动机改成了 1.5 L 机型,配备输出功率为

40 kW的永磁同步电机，以及容量为 30 A·h 的锂离子充电电池。最高车速为 191 km/h，0～100 km/h 加速时间为 12.5 s。以 60 km/h 的速度匀速行驶时，纯电动模式续航里程可达到 45 km，而以 40 km/h 的速度匀速行驶时，纯电动模式续航里程可达到 60 km。据介绍，利用家用电源时，充满电需要 3 h，利用快速充电器时，仅需要 0.3 h。公布的综合模式油耗为 6 L/100 km。

4.8.2　B50 PHEV 系统结构

一汽奔腾 B50 PHEV 系统结构与红旗混合动力汽车结构（见图 4 - 23）基本相同，只不过 B50 PHEV 是采用发动机横置前驱的形式，而红旗混合动力汽车采用了纵置前驱的形式。

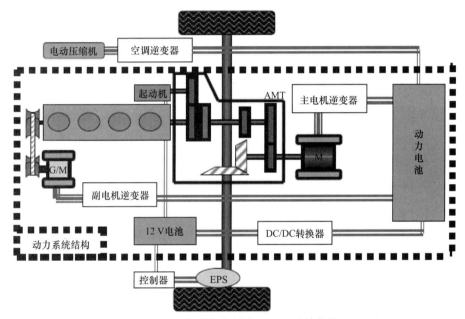

图 4 - 23　早期红旗轿车 PHEV 系统结构

4.8.3　B50 PHEV 的组成部件

一汽奔腾 B50 PHEV 系统采用了电控 - 机械（AMT）式的自动变速器，变速器的特点如下。

1. 常开式离合器

在发动机和变速器之间采用了常开式离合器。在纯电动阶段时，离合器是分离状态。在需要发动机动力混入时，电控电机控制液压离合器由常开变为常闭，发动机起动，发动机和电机动力混合输出。

2. 变速器控制

变速器选挡和换挡操作采用了电控电机控制。在发动机工作后，动力经离合器到达 AMT 变速箱，发动机的动力与传统 AMT 变速箱相同。这种变速箱结构的换挡控制可以由 AMT 变速箱控制单元控制选挡电机和换挡电机自动完成，选挡电机和换挡电机执行位置由各自的位置传感器把位置信息传给 AMT 变速箱电控单元（TCM），使结构简单、维护方便。

第 5 章
氢燃料电池汽车

> ✓ **学习目标**

能说出燃料电池的工作原理。
能说出丰田 Mirai（未来）燃料电池汽车结构组成。

5.1 氢燃料电池汽车概述

5.1.1 燃料电池的发电原理

燃料电池的电化学原理如图 5-1 所示，将化学能转化成电能，但是它的工作方式却与内燃机相似。它在工作（即连续稳定地输出电能）时，必须不断地向电池内部送入燃料与

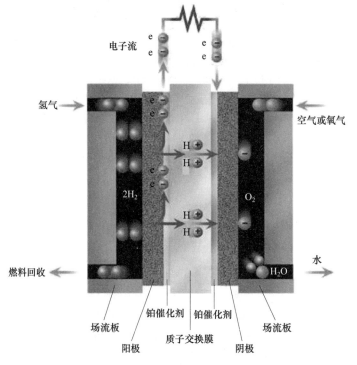

图 5-1 燃料电池的电化学原理

氧化剂（如氢气和氧气）；与此同时，它还要排出与生成量相等的反应产物，如氢氧燃料电池中所生成的水。目前燃料电池的能量转化效率仅达到40%～60%，为保证电池工作温度的恒定，必须将废热排放出去。如果有可能，还要将该热能加以再利用，如高温燃料电池可与各种发电装置组成联合循环，以提高燃料的利用率。

质子交换膜燃料电池PEMFC的核心是一涂有铂催化剂的弹性塑料膜。铂催化剂把氢气转化为质子和电子，只有质子可以通过电解质膜，与膜另一侧的氧结合生成水，而电子则在闭合的外电路中形成电流。

燃料电池为什么一定要用铂：因为铂的解离活性强，且耐电解质膜强酸性（相当于硫酸），长时间耐久性的金属只有铂。其他铂系金属解离活性低，而非金属的耐酸性又达不到要求。目前减少铂的方法是在Pb、Au、Co、Ni的表面形成铂层。

5.1.2 燃料电池汽车的价格

1. 车辆售价

2020年，国产纯电动特斯拉售价为7万美元左右（进口型号在11万美元以上），续航里程为650 km，充电时间相对较长。宝马i3售价为5万美元左右，续航里程为340 km。比亚迪e6售价为5万美元左右，续航里程超360 km，充电时间也相对较长。2020年丰田生产的燃料电池汽车售价为4.2万美元左右，汽车充气只需3 min，续航里程为550 km。从以上可以看出燃料电池汽车离我们不会太远。

2. 燃料比较

1）能量密度

目前各种燃料的能量密度如下：一般锂聚集合物Li-ion约为600（W·h）/kg（实用化），有机锂约为1 200（W·h）/kg，汽油约为3 400（W·h）/kg，氢氧燃料电池约为3 500（W·h）/kg（实用化），铝空气电池约为4 300（W·h）/kg，锂空气电池约为5 400（W·h）/kg，锂氟气6 300（W·h）/kg（目前能量密度最高）。

2）燃料成本

2009年用电解法制备1 kg液氢需要50～60 kW·h电（包含压缩制冷耗电），此处按60 kW·h电计算。民用电1度①按0.52元计算，制备1 kg液氢需要31元。若采用氢气发动机，宝马汽车行驶100 km要消耗4 kg氢，燃料费用高达125元，比目前汽油成本还高，用户是很难接受的。如果液氢先通过燃料电池转化为电，按60%的发电效率计算，1 kg氢能发电32 kW·h，0.5 kg的氢就能使汽车行驶100 km，燃料费用15元，比目前的汽油便宜多了。

5.1.3 燃料电池汽车的优点

1. 对比内燃机汽车

燃料电池汽车路试时可以达到40%～50%的效率，其能量转换效率比内燃机要高2～3倍（普通内燃机汽车只有10%～16%）。燃料电池可节省石油，减少世界对石油的依存度。

---

① 1度=1 kW·h。

2. 对比混合动力汽车

混合动力汽车效率平均低于35%，无法与燃料电池汽车相比。燃料电池电动汽车仅排放热和水，是高效的清洁汽车。

3. 对比纯电动汽车

目前燃料电池车的续航设计里程为600～800 km，是纯电动汽车的2～4倍。只有少量杂质可能造成极少量的二氧化碳和氮氧化物排放，制氢过程所用能量可以用太阳能或风能发电制氢，成为真正绿色环保汽车。

5.2 商品化燃料电池汽车

5.2.1 燃料电池汽车结构

丰田燃料电池汽车 Mirai（未来）的主要部件名称如图 5-2 和图 5-3 所示。

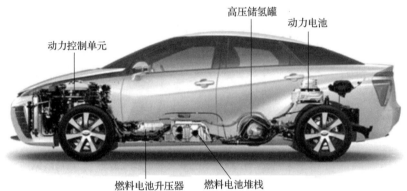

图 5-2　丰田 Mirai（未来）主要部件名称 1

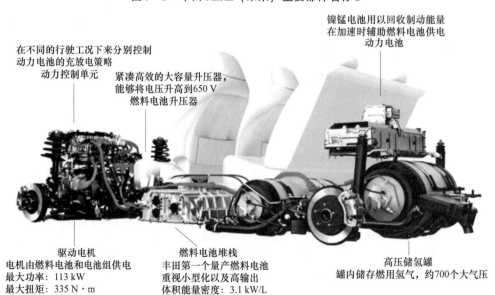

图 5-3　丰田 Mirai（未来）主要部件名称 2

前氢气罐 60 L，后氢气罐 62.4 L，总共重 5 kg，1 kg 氢气售价约 1 000 日元（约合人民币 70 元），在燃料电池内部的氢气循环泵提供氢气。动力电池 0.65 A·h（2 kW·h），用于起动和加速时用。

图 5-4 所示为丰田 Mirai（未来）的燃料电池堆和升压 DC/DC。由于燃料电池的功率大，但电压并不高，为了实现驱动电机要通过 DC/DC 升压后给逆变器（动力控制单元）。

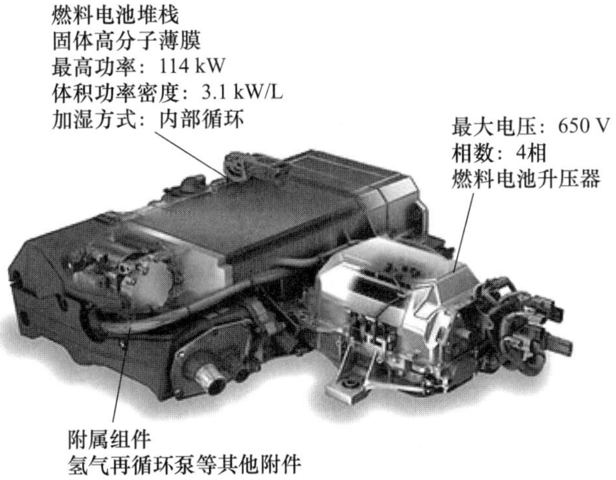

图 5-4 镍氢电池

图 5-4　丰田 Mirai（未来）的燃料电池堆和升压 DC/DC

丰田 Mirai（未来）的燃料电池堆功率 114 kW，铂用量为 0.3 g/kW，由 370 片燃料电池单元组成，体积 36 L、质量 58.5 kg、单电池单元 0.8 V、1~1.5 W/cm^2，通过升压器升到四相 650 V，电池组总有效面积为 10 m^2。值得一提的是氢气和氧气采用反方向导入，实现了电解质膜自然加湿，这大大压缩了电池体积和成本，这是超越三星和本田汽车的技术之一。

5.2.2　未来发展预测

丰田 Mirai（未来）燃料电池汽车于 2014 年 12 月 15 日上市。从表 5-1 可以看出，燃料电池汽车在质量上增加并不多，价格也不高。而纯电动汽车因电池的质量增加使整车增加很多，电池成本使车价居高不下。

表 5-1　丰田汽车公司 Mirai（未来）和特斯拉纯电动汽车参数对比

分类	丰田 Mirai（未来）燃料电池汽车	通用特斯拉 Tesla Model S
车重/总重/kg	1 850/2 070	2 270/2 570
行驶里程/km	650	390
最高车速/(km·h^{-1})	175	190
百公里加速时间/s	10	6.2
乘坐人数	4 人	5 人
充气/充电	充气时间小于 3 min	充电时间小于 45 min（420 V）
价格/万日元	723.6（售价）-200 补贴=523.6	823
排水量	60 mL/km	—

从表 5-2 可以看出，燃料电池汽车在 2025 年左右成本下降会很多，价格也不会很高。而纯电动汽车在电池质量上是否有大幅下降，在电池成本上是否能大幅下降，以及锂电池的后期回收问题等都需要进一步解决。

表 5-2　丰田汽车公司 Mirai 燃料电池 FC110 的各部分成本推算

项目	材料	2014 年成本/日元	未来（2025 年）/日元
正极	电解质（Mitsui-Dupont）	1 980	1 940
	活性炭	1 500	750
	触媒	40 000	16 000
	内 Pt 量	25 g	5 g
	炭纸（Toray）	120 000	40 000
负极	电解质（Mitsui-Dupont）	1 440	1 000
	活性炭	1 500	750
	触媒	160 000	32 000
	内 Pt 量	10 g	3 g
	炭纸（Toray）	120 000	40 000
	电解质膜	500 000	50 000
	隔板	120 000	60 000
	制作费	500 000	300 000
储气罐	后备厢气罐	936 000	600 000
	中间气罐	900 000	—
其他	车体其他设备及电池	2 000 000	1 300 000
	成本价	5 762 420	2 585 000
	售价	7 236 000	3 200 000
	政府补贴	2 000 000	估计 0
	东京补贴	1 000 000	估计 0
	东京售价	补贴后价格在 4 236 000（合 21 万 RMB）	估计购置税和消费税可减车价的 15% 的政策还会有

第 6 章

储 能 装 置

> **学习目标**
>
> 能简要说出储能装置的指标包括哪几项；
> 能简要说出锂离子电池的优缺点；
> 能简要说出镍氢电池的优缺点；
> 能简要说出飞轮电池的优缺点；
> 能简要说出超级电容的优缺点。

6.1 储能装置的性能指标

6.1.1 储能装置类型

电动汽车上的电能储能方式有物理储能和化学储能两种。物理储能方式在新能源汽车上使用的是超级电容储能和飞轮电池储能两种。化学储能方式主要有两种，一种是可反复充电的化学电池，目前在汽车上使用的主要包括铅酸蓄电池、镍氢电池和锂离子电池；另一种是不能充电的燃料电池。各种储能装置的性能指标比较如表 6-1 所示。需要指出的是，电池在成组后，每一个单体电池的容量和充放电次数较表 6-1 中有较大的下降。

表 6-1 各种储能装置的性能指标比较

电池类型	超级电容	铅酸蓄电池	镍氢电池	锂离子电池	燃料电池
充电时间	几秒到几分钟	4~12 h	12~36 h	3~4 h	不能充电
充放电次数	500 000	400~600	>500	1 000	>500
工作电流	极高	高	高	中	低
记忆效应	无	轻微	有	很轻微	轻微
自放电（每月）	高	0.03%	20%（中）	5%~10%	低
质量能量密度/($W \cdot h \cdot kg^{-1}$)	4~10	30	60~80	100~200	>200

续表

电池类型	超级电容	铅酸蓄电池	镍氢电池	锂离子电池	燃料电池
功率密度/(W·kg^{-1})	>1 000	<1 000	>1 000	>1 000	35~1 000
安全性	优	一般	良	差	差
环境	零污染	有污染	基本无污染	基本无污染	零污染

【专业指导】 日常生活中使用的电池主要有一次电池和二次电池两种。

一次电池是不能充电的电池，如碱性锌锰电池、锂锰电池等。

二次电池是可反复充电的电池，如各种起动用铅酸蓄电池（如汽车起动用铅酸蓄电池、固定型铅酸蓄电池、小型阀控密封铅酸蓄电池等）；各种动力电池（如动力车用电池、电动道路车用电池、电动工具用电池、混合动力车用电池等）；各种手机电池（如锂离子电池、锂聚合物电池、镍氢电池等）；各种小型电池（如笔记本电脑电池、数码相机电池、摄像机电池、各种圆柱形电池、无线通信电池、便携式 DVD 电池、CD 和 MP3 播放器电池等）。

一般情况下，电动汽车的电能源为动力电池，动力电池在工作中进行的是频繁、浅度的充放电循环。在充放电过程中，电压、电流可能有较大变化。

针对这些使用特点，电动汽车的动力系统对动力电池有如下几个方面的特别要求：

（1）电动汽车要求动力电池具有更高的比功率；

（2）电动汽车中动力电池的高充放电效率对保证整车效率具有至关重要的作用；

（3）电动汽车动力电池应当在快速充放电和充放电过程变工况的条件下保持性能的相对稳定。

6.1.2 蓄电池的性能指标

蓄电池的作用是存储电能。蓄电池在充电过程中，电能通过蓄电池内活性物质的化学变化转变为化学能储存在蓄电池内。蓄电池在放电过程中，通过蓄电池内活性物质的化学变化逆转，将化学能转变为电能由蓄电池输出。

各种蓄电池的基本工作原理是电能→化学能→电能→化学能的可逆变换过程，能够反复使用，一般称能够将化学能转换为电能的电池为蓄电池。

2020 年蓄电池在比能量和比功率方面较 2010 年有很大的提高，使得电动汽车的动力性能不断提高，一次充电后的续航里程也不断地延长，而且这种提高一直在持续。蓄电池主要性能指标如下：

1. 电压

（1）电动势：电池正极和负极之间的电位差 E，如表 6-2 所示。

（2）开路电压：电池在开路时的端电压，一般开路电压与电池的电动势近似相等。

（3）额定电压：电池在标准规定条件下工作时应达到的电压。

（4）工作电压（负载电压、放电电压）：在电池两端接上负载（Load）后，在放电过程中显示出的电压。

表 6-2 不同电池的电压

电池	铅酸蓄电池	镍镉蓄电池	镍氢蓄电池	锰钴锂锂离子电池	磷酸铁锂锂离子电池	钠硫电池
电压/V	2.1	1.2	1.2	3.7	3.2	2.1

（5）终止电压：电池在一定标准所规定的放电条件下放电时，电池的电压将逐渐降低，当电池不宜再继续放电时，电池的最低工作电压称为终止电压。

2. 容量

1）理论容量

根据蓄电池活性物质的特性，按法拉第定律计算出的最高理论值称为理论容量，一般用质量容量（A·h）/kg 或体积容量（A·h）/L 来表示。

2）实际容量

实际容量指在一定条件下所能输出的电量，它等于放电电流与放电时间的乘积。

3）标称容量（公称容量）

标称容量用来鉴别电池适当的近似安时值，由于没有指定放电条件，因此，只标明电池的容量范围，而没有确切值。

4）额定容量

额定容量也称保证容量，即按一定标准所规定的放电条件，电池应该放出的最低限度的容量。

5）荷电状态

荷电状态（State of Charger，SOC）反映的是电池实际存储电荷与电池当前能存储的最多电荷之比，常用百分数表示。SOC=1 即表示电池为充满状态。随着蓄电池放电，蓄电池的电荷逐渐减少，此时蓄电池的充电状态可以用 SOC 的百分数来表示蓄电池中电荷的变化状态。一般蓄电池放电高效率区为 50%~80% 的 SOC。

因为电池实际存储电荷与电池当前能存储的最多电荷都是变值，所以对 SOC 精确的实时辨识是电池管理系统的一个关键技术。

3. 能量

电池的能量决定电动汽车的行驶距离，单位是 kW·h，也称度。

1）标称能量

按一定标准所规定的放电条件下，电池所输出的能量称为标称能量。电池的标称能量是电池的额定容量与额定电压的乘积。

2）实际能量

实际能量指在一定条件下电池所能输出的能量，电池的实际能量是电池的实际容量与平均工作电压的乘积。电池的质量包括电池本身结构件质量和电解质质量的总和。

3）比能量

比能量指动力电池组单位质量中所能输出的能量，单位是（W·h）/kg。

4）能量密度

能量密度是指动力电池组单位体积中所能输出的能量，单位是（W·h）/L。

4. 功率

在一定的放电制度下，电池在单位时间内所输出的能量用功率表示。电池的功率决定了混合动力汽车的加速性能。

1）比功率

电池的比功率是指电池单位质量中所具有的电能的功率，单位是 W/kg。

2）功率密度（W/L）

电池的功率密度是指电池单位体积中所具有的电能的功率，单位是 W/L。

【专业指导】 "比"和"密度"的区别：比是和质量有关，密度是和体积有关。

5. 内阻

电流通过电池内部电解液、隔膜、电极时受到的阻力会使电池的对外输出电压降低，此阻力称为电池的内阻。由于电池的内阻作用，使得电池在放电时端电压低于电动势和开路电压，在充电时充电的端电压高于电动势和开路电压。

6. 循环次数

循环次数是指蓄电池的工作是一个不断充电、放电、充电、放电的循环过程，按一定标准的规定放电，当电池的容量降到某一个规定值（比如80%）的充放电循环次数。

【专业指导】 电池充电循环，即一个完整的充放电周期。如果使用（放电）的电量达到电池容量的100%，电池就完成了一个充电周期，循环次数就会加1。例如，你一天使用了75%的电量，然后晚上将手机充满电到100%，第二天再使用25%电量，那就算一次完整的放电过程（使用了100%），这样累计下来才算是完成一个充电周期，也就是一次电池充电循环。

电动汽车用动力蓄电池循环寿命要求：循环次数达到500次时放电容量不低于初始容量的90%，或者循环次数达到1 000次时放电容量不低于初始容量的80%。

在每一个循环中，电池中的化学活性物质要发生一次可逆性的化学反应。随着充电和放电次数的增加，电池中的化学活性物质会发生老化变质，逐渐削弱其化学功能，使得电池的充电和放电的效率逐渐降低，最后电池损失全部功能而报废。

蓄电池充电和放电的循环次数与电池充电和放电的形式、电池的温度和放电深度有关，放电深度浅时，有利于延长电池的寿命。

电池在电动汽车上的使用环境，包括电池组中各个电池的均衡性、安装、固定方式、所受的振动和线路的安装等，都会影响电池的工作循环次数，最后完全丧失其充电和放电的功能而报废。

7. 使用年限（年）

电池除了以循环次数表示使用时间外，通常还要用电池的使用年限来表示电池的寿命。

8. 放电速率（放电率）

放电速率一般用电池在放电时的时间或放电电流与额定电流的比例来表示。

（1）放电时率：电池以某种电流强度放电直到电池的电压降低到终止电压时，所经过的放电时间。

（2）放电倍率：电池的放电电流值与电池额定容量数值的比值。比如电池额定容量 $C = 6.5\ A \cdot h$，若以 6.5 A 放电电流放电，放电倍率为 1 C；若以 3.25 A 放电电流放电，放电倍率为 0.5 C。

9. 自放电率

自放电率指电池在存放时间内，在没有负荷的条件下自身放电，使得电池容量损失的速度，自放电率用单位时间（月、年）内电池容量下降的百分数来表示。

10. 成本

电池的成本与电池的技术含量、材料、制作方法和生产规模有关，目前新开发的高比能量的电池成本较高，使得电动汽车的造价也较高，开发和研制高效、低成本的电池是电动汽车发展的关键。图 6-1 所示为电动汽车生产成本构成比例。除上述主要性能指标外，还要求电池无毒性、对周围环境不会造成污染或腐蚀，使用安全，良好的充电性能和充电操作方便，耐振动，无记忆性，对环境温度变化不敏感，易于调整和维护等。

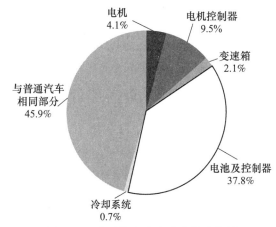

图 6-1 电动汽车生产成本构成比例

目前电池技术的瓶颈则在于如何造出容量大（充满电可以连续行驶 400 km）且体积小、质量轻、价格低的电池。

6.1.3 电动汽车对动力蓄电池的基本要求

1. 比能量大

比能量是保证电动汽车能够达到基本合理的行驶里程的重要性能，连续 2 h 放电率的比能量至少不低于 44 $(W \cdot h)/kg$。

2. 充电时间短

蓄电池对充电技术没有特殊要求，能够实现感应充电。蓄电池的正常充电时间应小于 6 h，蓄电池能够适应快速充电的要求，蓄电池快速充电达到额定容量的 50% 时的时间为 20 min 左右。

3. 连续放电率高

蓄电池能够适应快速放电的要求，连续 1 h 放电率可以达到额定容量的 70% 左右。

4. 自放电率低

自放电率要低，蓄电池能够长期存放。

5. 不需要复杂的运行环境

蓄电池能够在常温条件下正常稳定地工作，不受环境温度的影响，不需要特殊加热。保温热管理系统，能够适应混合动力汽车行驶时振动的要求。

6. 安全可靠

蓄电池应干燥、洁净，电解质不会渗漏腐蚀接线柱和外壳。不会引起自燃或燃烧，在发生碰撞等事故时，不会对乘员造成伤害。废蓄电池能够进行回收处理和再生处理，蓄电池中有害重金属能够进行集中回收处理。电池组可以采用机械装置进行整体快速更换，线路连接方便。

7. 其他

寿命长、免维修、制造成本低。蓄电池的循环寿命不低于1 000次，在使用寿命限定期间内，不需要进行维护和修理。

6.1.4 可选电池

1. 铅酸蓄电池

铅酸蓄电池技术成熟、成本低、可快速充电、比功率高、比能量低，潜力巨大。镍镉（Ni-Cd）蓄电池技术成熟，可实现快速充电、比功率高、成本高、比能量低，潜力大。但这两种电池不是电动汽车的最好选择。

2. 镍氢（Ni-MH）电池

镍氢（Ni-MH）电池具有比能量高、比功率高、可实现快速充电、成本高、潜力巨大的特点。锂离子（Li-ion）电池非常高的比能量、非常高的比功率、成本高、潜力巨大，但低温性能差，要适当处理这个问题。这两种电池目前是电动汽车的最好选择。

3. 其他未来可能使用的电池

镍锌（Ni-Zn）电池比能量高、比功率高、成本低、循环寿命短，潜力大。锌空气（Zn/Air）电池具有机械式充电、成本低廉、非常高的比能量、比功率低、不能接受再生能量的特点，潜力巨大。铝空气（Al/Air）电池具有机械式充电、成本低、非常高的比能量、非常低的比功率、不能接受再生能量的特点，潜力低。钠硫（Na/S）电池比能量高、比功率高、成本高，存在安全问题，需要热量管理，潜力一般。钠、氯化镍（Na/NiCl$_2$）电池比能量高、成本高、需要热管理系统，潜力大。

6.2 铅酸蓄电池

6.2.1 铅酸蓄电池的特点

以酸性水溶液为电解质的蓄电池称为酸蓄电池。铅酸蓄电池电极是以铅及其氧化物为材料。铅酸蓄电池理论比能量175.5（W·h）/kg，实际比能量35（W·h）/kg，能量密度

80（W·h）/L。铅酸蓄电池的特点是开路电压高，放电电压平稳，充电效率高，能够在常温下正常工作，生产技术成熟，价格便宜，规格齐全。

【专业指导】 在未提出大力发展新能源汽车之前（约2010年前）的第一代低速电动车广泛使用了铅酸蓄电池，一部分混合动力汽车也采用了铅酸蓄电池。随着电动汽车技术的发展（约2010年后），铅酸蓄电池由于比能量较低，充电速度较慢，寿命较短，立刻被镍氢电池和锂离子蓄电池所取代。以铅酸蓄电池作为电能源的电动汽车称为低速电动车，不在新能源汽车之列。

6.2.2 铅酸蓄电池的种类

铅酸蓄电池在汽车上有两种，一种是起动铅酸蓄电池，另一种是动力铅酸蓄电池。混合动力汽车的牵引用动力铅酸蓄电池（简称动力铅酸蓄电池）性能与起动铅酸蓄电池的要求是不同的。

1. 起动铅酸蓄电池特点

汽车的起动铅酸蓄电池最大的特点是允许短时大电流放电。起动铅酸蓄电池主要应用于发动机起动机的起动供电。

2. 动力铅酸蓄电池特点

有高的比能量和比功率，高的循环次数和使用寿命，以及快速充电等性能。

6.2.3 铅酸蓄电池的构造

图6-2所示为普通铅酸蓄电池的构造，铅酸蓄电池的基本单元是单体电池（Battery Cell）。每个单体电池都是由正极板、负极板和装在正极板与负极板之间的隔板组成。每个单体电池的基本电压为2.1 V多一点，不过习惯称为2 V。实际用的铅酸蓄电池是由不同容量的单体电池按使用要求进行组合，装置在不同的塑料外壳中获得不同电压和不同容量。

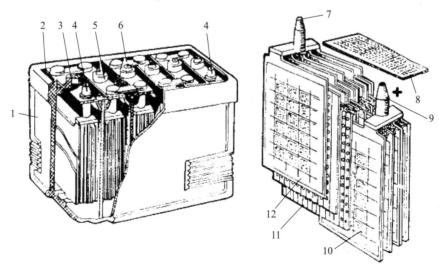

图6-2 普通铅酸蓄电池的构造

1—外壳；2—密封胶；3—加液口；4—正、负极接线柱；5—加液口塞；6—电极连接条；
7—负极板组；8—护板网；9—负极板组；10—二氧化铅；11—隔板；12—海绵状纯铅

铅酸蓄电池总成经过灌装电解液和充电后，就可以从铅酸蓄电池的接线柱上引出电流。

6.2.4 铅酸蓄电池的工作原理

1. 起动铅酸蓄电池原理

起动铅酸蓄电池的放电和充电的反应过程可用化学反应方程式（1）表示。铅酸蓄电池在对外负载放电过程时，化学反应由左向右进行，稀硫酸（H_2SO_4）分别与正极的二氧化铅（PbO_2）和负极的纯铅（Pb）反应都生成硫酸铅（$PbSO_4$），同时产生水。当蓄电池外接充电机时，正、负极板的硫酸铅（$PbSO_4$）又还原为二氧化铅（PbO_2）和纯铅（Pb），同时水变成稀硫酸。

$$PbO_2 + 2H_2SO_4 + Pb \underset{充电}{\overset{放电}{\rightleftharpoons}} PbSO_4 + 2H_2O + PbSO_4 \tag{1}$$

  正极   负极   正极   负极

铅酸蓄电池中的稀硫酸也称为电解液，在充电和放电过程中密度会发生变化。由于在放电过程中，铅酸蓄电池中的稀硫酸的浓度会逐渐减小，因此，可以用密度计来测定稀硫酸的密度，再由铅酸蓄电池电解液密度确定铅酸蓄电池电解液放电程度。单体铅酸蓄电池的电压为 2 V，在使用或存放一段时间后，电池的电压可能降低到 1.8 V 以下，或 H_2SO_4 溶液的密度下降到 1.29 g/cm^3。此时，铅酸蓄电池就必须充电，如果电压继续下降，铅酸蓄电池将会损坏。

2. 动力铅酸蓄电池原理

动力铅酸蓄电池通常采用密封、无锑材料网隔板等技术，并在普通铅酸蓄电池的电解液中加入硅酸胶（Na_2SiO_3）之类的凝聚剂，反应过程用化学方程式（2）表示。使电解质成为胶状物，形成一种"胶体"电解质，采用"胶体"电解质的铅酸蓄电池，使用起来更加方便。但要注意的是动力铅酸蓄电池的化学反应仍是化学方程式（1），化学方程式（2）只是稀硫酸的一种存在形式。

$$H_2SO_4 + Na_2SiO_3 = H_2SiO_3 + Na_2SO_4 \tag{2}$$

铅酸蓄电池的电极上带有催化剂（Al_2O_3），催化剂可以使充电后期产生的氢气和氧气反应生成水流回电池，防止充电时电解水产生的氢气和氧气逸散，从而控制水的消耗，防止液面下降。

蓄电池阀控技术是指在蓄电池内部安装了排气阀结构，排气阀结构使充电更安全。一般情况下阀控铅酸蓄电池在放电过程中是"零排放"，但是在充电过程中，特别是在充电后期，生成的氢气和氧气过多，催化剂来不及使其生成水，蓄电池内部压力上升排气阀打开，少量的氢和氧混合气体排放。成组后的车用阀控铅酸蓄电池如图 6-3 所示。

图 6-3 成组后的车用阀控铅酸蓄电池

6.3 镍氢电池

6.3.1 镍氢电池的技术参数

镍氢电池（Ni-MH）是一种碱性电池，单体电池电压 1.2 V，3 h 比能量 75~80（W·h）/kg，比功率 160~230 W/kg，能量密度达到 200（W·h）/L，功率密度 400~600 W/L。

6.3.2 镍氢电池的构造

镍氢电池正极是活性物质氢氧化镍 $Ni(OH)_2$，负极是储氢合金，用氢氧化钾作为电解质，在正负极之间有隔膜，共同组成镍氢单体电池。在金属铂的催化作用下，完成充电和放电的可逆反应。镍氢电池的特性与镍镉电池特性基本相同，氢气是没有毒性的物质，无污染，安全可靠，使用寿命长，而且不需要补充水分。

镍氢电池的极板有发泡体和烧结体两种。发泡体极板的镍氢电池在出厂前必须进行预充电，且放电电压不能低于 0.9 V，工作电压也不太稳定，特别是在存放一段时间后，会有近 20% 的电荷流失，老化现象比较严重，为避免发泡镍氢电池老化所造成的内阻增高，镍氢电池在出厂前必须进行预充电。经过改进的烧结体极板本身就是活性物质，不需要进行活性处理也不需要进行预充电，电压平衡、稳定，具有低温放电性能好、不易老化和寿命长的优点。

通常镍氢电池的外形有方形和圆形两种。

6.3.3 镍氢电池的工作原理

如图 6-4 所示，镍氢电池的正极是球状氢氧化镍粉末与添加剂等金属、塑料和黏合剂等制成的涂膏，用自动涂膏机涂在正极板上，然后经过干燥处理成发泡的氢氧化镍正极板。在正极材料 $Ni(OH)_2$ 中添加 Ca、Co、Zn 或稀土元素，对稳定电极的性能有明显的改进。采用高分子材料作为黏合剂或用挤压和轧制成的泡沫镍电极，并采用镍粉、石墨等作为导电剂时，可以提高大电流时的放电性能。

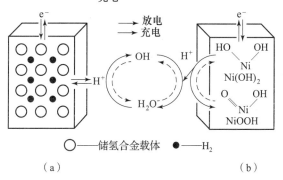

图 6-4 镍氢电池在碱性电解液中进行反应的模型

(a) 储氢合金载体负极；(b) 镍正电极

镍氢电池负极的关键技术是储氢合金，要求储氢合金能够稳定地经受反复的储气和放气的循环。储氢合金是一种允许氢原子进入或分离的多金属合金的晶格基块，用钛－钒－锆－镍－铬（Ti－V－Co－Ni－Cr）五种基本元素，并与钴、锰等金属元素烧结的合金，经过加氢、粉碎、成型和烧结成负极板。储氢合金的种类和性能，对镍氢电池的性能有直接的影响。负极在充电或放电过程中既不溶解，也不再结晶，电极不会有结构性的变化，在保持自身化学功能的同时，还保证本身的机械坚固性。储氢合金一般需要进行热处理和表面处理，以增强储氢合金的防腐性能，这有利于提高镍氢电池的比能量、比功率和使用寿命。

电解质是水溶性氢氧化钾（KOH）和氢氧化锂（LiOH）的混合物。当电池充电过程中，水在电解质溶液中分解为氢离子和氢氧离子，氢离子被负极吸收，负极从金属转化为金属氢化物。在放电过程中，氢离子离开了负极，氢氧离子离开了正极，氢离子和氢氧离子在电解质氢氧化钾中结合成水并释放电能。

镍氢电池在充电过程中容易发热，发热产生的高温会对镍氢电池产生负面影响。高温状态下，正极板的充电效率变差，并加速正极板的氧化，使电池的寿命缩短。镍氢电池在充电后期会产生大量的氧气，在高温的环境条件下，将加速负极储氢合金氧化，并使储氢合金平衡压力增加，使储氢合金的储氢量减少，从而降低镍氢电池的性能。尼龙无纺布隔膜在高温的作用下会发生降解和氧化。尼龙无纺布隔膜发生降解时，产生铵离子（NH_4^+）和硝酸根（NO_3^-）离子，加速了镍氢电池的自放电。尼龙无纺布隔膜发生氧化时，氧化成碳酸根，使镍氢电池的内阻增加。在镍氢电池充电的过程中，电池温度迅速升高，会使充电效率降低，并产生大量氧气，如果安全阀不能及时开启，会有发生爆炸的危险。

6.3.4 镍氢电池的充放电特性

1. 放电特性

镍氢电池（6个单体电池组件）放电时，$2C$ 的功率输出时的质量比功率可达到 600 W/kg 以上，$3C$ 的功率输出时的质量比功率可达到 500 W/kg 以上，深度范围内质量比功率的变化比较平稳，对混合动力汽车动力性能的控制十分有利，电池的寿命可以达到 10 万 km 以上。

2. 充电特性

镍氢电池的充电接受性很好，充电效率几乎达到 100%，能够有效地接受混合动力汽车在制动时反馈的电能。另外，由于能量损耗较小，镍氢电池的发热量被抑制在最小的极限范围内，可以有效地控制剩余电量，并用电流来显示电池的剩余电量。

6.3.5 镍氢电池的优缺点

1. 优点

（1）充电 18 min 可恢复 40%～80% 的容量，过充电和过放电性能好；

（2）应急补充充电性能好，1 h 内可以完全充满，应急补充充电的时间短；

（3）在 80% 的放电深度下，循环寿命可达到 1 000 次以上，是铅酸蓄电池的 3 倍；

(4) 一次充电后行驶里程长，而且起动加速性能较好；

(5) 可以在环境温度 -28~80 ℃ 条件下正常工作；

(6) 循环寿命可达到 6 000 次或 7 年；

(7) 采用全封闭外壳，可以在真空环境中正常工作；

(8) 低温性能较好，能够长时间存放；

(9) 镍氢电池中没有铅（Pb）和镉（Cd）等重金属元素，不会对环境造成污染；

(10) 镍氢电池随充随放，不会出现镍镉在没有放完电后即充电而产生的"记忆效应"。

2. 缺点

(1) 在高温条件下使用时电荷量急剧下降；

(2) 自放电损耗较大；

(3) 价格较贵，镍氢电池的成本很高，达 600~800 美元/(kW·h)；

(4) 镍氢电池的比功率和放电能力不及镍镉电池。

镍氢电池在使用时还应充分注意各个单体电池之间的一致性，特别是在高速率、深放电情况下，各个单体电池之间的容量和电压差较明显。应注重对电池组在充、放电过程中的导热管理和电池安全装置的设计。

6.3.6 镍氢电池的应用

目前日本丰田和本田的混合动力电动汽车多采用镍氢电池作为能源。

1. 本田车系

图 6-5 所示为本田 Insight 镍氢电池组，电池组置于行李舱底板，由 120 个松下 1.2 V 镍氢电池组成，串联合计电压为 144 V，支持电流充电 50 A，放电 100 A。为延长电池寿命，每个电池单元放电量为 4 A 时，电池组共可放电 144×4=0.576（kW·h）能量。

图 6-5 本田 Insight 镍氢电池组

2. 丰田车系

1997 年第一代普锐斯电池组采用 38 组 228 个单体电池（无插电款）；2003 年第二代普锐斯（无插电款）电池组（见图 6-6）重 53.3 kg，由 28 组松下镍氢电池模块构成，电池数目减小 10 组，标称 201.6 V。国内合资生产的丰田普锐斯为第三代无插电电池组，电池数量和第二代完全相同，如图 6-7 所示。

【技师指导】 国外生产的第三代丰田普锐斯为插电式混合动力（PHEV），电池数量是非手插电式的10倍左右。

图6-6 第二代普锐斯镍氢电池组

图6-7 第三代普锐斯镍氢电池组

每个电池组载有6个1.2 V电池（见图6-8），总计168个单体电池串联标称电压合计为201.6 V。

图6-8 一个电池组由6个1.2 V镍氢电池组成（7.2 V）

第二代普锐斯中，HV蓄电池6个单体电池之间为单点连接，接点在蓄电池上部，而第三代中的蓄电池电池间为双点连接，新增的点在蓄电池下部，这样蓄电池的内部电阻得以降低。

在镍氢电池的制造技术上进行了一些改进，例如：正极板采用多极板技术，负极板采用端面焊接技术，在电解液中适当加入LiOH和NaOH，采用抗氧化能力强的聚丙烯毡作隔膜等，可以有效地提高镍氢电池耐高温能力。在镍氢电池动力电池组之间，加大散热间隙，采取有效的散热措施和建立自动热管理系统，以保证镍氢电池正常工作并延长使用寿命。镍氢电池通过增大冷却强度可以让动力电池的放电功率有一定程度的提高，比如由25 kW提高到27 kW。

6.4 锂离子电池

6.4.1 磷酸铁锂锂离子电池

锂离子电池具有极高的性能优势，是未来动力蓄电池发展的必然方向。相对传统的铅酸以及镍氢和镉镍电池而言，锂离子电池的历史很短。

1997年美国人发明磷酸铁锂（$LiFePO_4$）模型，发现磷酸铁锂是适合作动力电池正极的一种材料，磷酸铁锂锂离子电池标称电压为3.2 V，满电压最高为3.6 V，具有以下特点：

（1）高效率输出。

标准放电为 2~5 C、连续高电流放电可达 10 C，瞬间脉冲放电（10 s）可达 20 C。

（2）高温时性能良好。

外部温度 65 ℃ 时内部温度则高达 95 ℃，电池放电结束时温度可达 160 ℃，可保证电池的结构安全、完好。

（3）安全性好。

即使电池内部或外部受到伤害，电池也不燃烧、不爆炸。

（4）循环容量大。

经 500 次循环，其放电容量仍大于 95%。

从磷酸铁锂锂离子电池性能优点我们可以看出，磷酸铁锂锂离子电池是目前最适合用于电动汽车产业化运用的锂离子电池。

6.4.2 锂离子电池的工作原理

锂离子电池其基本原理是相同的。各种锂离子电池内部主要由正极、负极、电解质及隔膜组成，正负极及电解质材料不同工艺上的差异使电池有不同的性能，尤其是正极材料对电池的性能影响最大。

以石墨/磷酸铁锂电池为例，充放电化学反应式如下：

正极反应式：$$LiFePO_4 \rightleftharpoons xLi^+ + Li_{1-x}FePO_4 + xe^-$$

负极反应式：$$6C + xLi^+ + xe^- \rightleftharpoons Li_xC_6$$

总的反应式：$$LiFePO_4 + 6C \underset{放电}{\overset{充电}{\rightleftharpoons}} li_{1-x}FePO_4 + Li_xC_6$$

其中，从左向右的过程为充电，而从右向左的过程为放电。

磷酸铁锂锂离子电池的结构与工作原理如图 6-9 所示，磷酸铁锂作为电池的正极，由铝箔与电池正极连接，中间是聚合物的隔膜，它把正极与负极隔开，锂离子 Li^+ 可以通过而电子 e^- 不能通过，右边是由碳（石墨）组成的电池负极，由铜箔与电池的负极连接。电池的上下端之间是电池的电解质，电池由金属外壳密闭封装。磷酸铁锂锂离子电池在充电时，正极中的锂离子 Li^+ 通过聚合物隔膜向负极迁移。在放电过程中，负极中的锂离子 Li^+ 通过隔膜向正极迁移。锂离子电池就是因锂离子在充放电时来回迁移而命名的。

6.4.3 一元锂离子电池

一元锂离子电池是指电池的正极材料主要是镍酸锂（$LiNiO_2$）或钴酸锂（$LiCoO_2$）或锰酸锂（$LiMn_2O_4$）三种物质之一的电池，一元是指其中的镍（Ni）、钴（Co）、锰（Mn）中的一种，其中突出的是钴酸锂（$LiCoO_2$）电池。

钴酸锂电池能量密度高，但成本高、安全性差，材料稳定性差，容易出现安全问题，如果单体容量过大，一旦产生爆炸将十分危险。另外，钴酸锂的主要原材料金属钴元素在我国储量极少，目前 80% 的金属钴靠进口，在我国难以大规模使用。

钴酸锂电池主要应用于 3C 领域[计算机（Computer）、通信（Communication）和消费类电子产品（Consumer Electronics）三者结合称为"信息家电"，也称小家电]，如手机、笔记本电脑、平板电脑等。

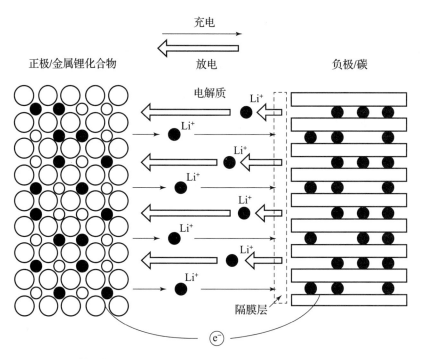

图6-9 磷酸铁锂锂离子电池的结构与工作原理（正极为磷酸铁锂材料）

6.4.4 三元锂离子电池

图6-9 磷酸铁锂锂离子电池的结构与工作原理

以三元材料镍（Ni）、钴（Co）、锰（Mn）作为正极材料的锂离子电池可以看作是钴酸锂、锰酸锂和镍酸锂电池的混合升级，综合了三种电池在能量密度和安全性、循环性方面的优缺点，成为动力电池领域主流技术路线之一。

根据正极材料中镍、钴、锰三种金属比例不同，三元锂离子电池可以细分为 NCM111、NCM532、NCM622、NCM811 等。例如，NCM532 即为三元电池中镍、锰、钴的比例为 5∶3∶2。一般来说，三元锂离子电池中，镍的含量越高，电池能量密度越高（见表6-3），但安全性越差。

表6-3 锂离子电池能量密度比较

锂离子电池技术路线	单体电池理论能量密度/(W·h·kg^{-1})
磷酸铁锂（LiFePO$_4$）	170
NCM532（镍∶钴∶锰 =5∶3∶2）	200
NCM622（镍∶钴∶锰 =6∶2∶2）	240
NCM811（镍∶钴∶锰 =8∶1∶1）	280
NCA（镍∶钴∶铝 =8∶1.5∶0.5）	300

目前动力电池行业最新技术为高镍三元锂电池，主要包括 NCA 和 NCM811。其中，NCA 为镍钴铝的混合，常见配比为 8∶1.5∶0.5，单体能量密度可达 300（W·h）/kg，高于目前能量上限约为 280（W·h）/kg 的 NCM811 电池，为目前世界上能量密度最高的锂离子电池。

三元锂离子电池优点如下：

（1）普通单体电池工作电压高达 3.6~3.7 V，满电压为 4.2 V，电压是镍氢电池的 3 倍，是铅酸蓄电池的近 2 倍；

（2）质量轻，比能量大，高达 150（W·h）/kg，是镍氢电池的 2 倍，铅酸蓄电池的 4 倍，因此质量是相同能量的铅酸蓄电池的 $\frac{1}{4}$ ~ $\frac{1}{3}$；

（3）体积小，体积是铅酸蓄电池的 $\frac{1}{3}$ ~ $\frac{1}{2}$；

（4）提供了更合理的结构和更美观的外形的设计条件、设计空间和可能性；

（5）循环寿命长，循环次数可达 1 000 次，以容量保持 60% 计，电池组 100% 充放电循环次数可以达到 600 次以上，使用年限可达 3~5 年，寿命为铅酸蓄电池的 2~3 倍；

（6）自放电率低，每月不到 5%；

（7）允许工作温度范围宽，低温性能好，锂离子电池可在 -20~+55 ℃ 工作；

（8）无记忆效应，所以每次充电前不必像镍镉电池、镍氢电池一样需要放电，可以随时随地进行充电；

（9）电池充放电深度对电池的寿命影响不大，可以全充全放；

（10）无污染，锂电池中不存在有毒物质，因此被称为"绿色电池"。

三元锂离子电池、磷酸铁锂电池、锰酸锂电池虽然在能量密度方面不及钴酸锂电池，但因在安全性、循环性等方面优势明显，因此被广泛应用于动力电池领域。2017 年，动力电池市场中磷酸铁锂和三元电池出货量几乎各占一半，锰酸锂电池占比较小。三元材料在电池能量密度、比功率、大倍率充电、耐低温性能等方面占据优势，但成本、循环性、安全性上弱于磷酸铁锂电池。

6.4.5 全固态锂离子电池

所谓全固态锂离子电池简单来说就是指电池结构中所有组件都是以固态形式存在，而如今传统的商业化的锂离子电池则是液态锂离子电池即电解液是液态溶液状。具体来说就是把传统锂离子电池的液态电解液和隔膜替换为固态电解质，一般以锂金属为负极，也可是石墨类及其他复合材料，其结构如图 6 - 10 所示。

对比各自的优缺点如下。

液态电解质优点：工业化自动化程度高、较好的界面接触、在充放电循环中电极膨胀相对可控、单位面积的导电率高。其缺点：易挥发、易燃烧的电解质导致其安全/热稳定性较差，依赖于形成 SEI 膜，锂离子和电子可能同时传导。

全固态电解质优点：高安全/热稳定性（针刺和高温稳定性极好，可长期正常工作在 60~120 ℃ 条件下）；可达 5 V 以上的电化学窗口，可匹配高电压材料；只传导锂离子不传导电子；固态电解质存在可以在电池内串联组成高电压的单体电池；简化冷却系统，提高能

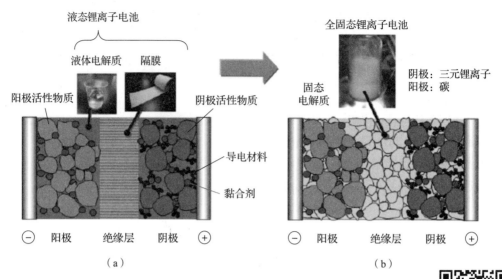

图 6-10 锂离子电池
(a) 液态；(b) 固态

量密度；可使用在超薄柔性电池领域。其缺点：充放电过程中界面应力受影响；单位面积离子电导率较低，常温下比功率差；成本极为昂贵；工业化生产大容量电池有很大困难。

图 6-10 固态锂离子电池

【专家指导】 研究人员表示，锂硫电池的每一次循环充放电过程都会在电池的负极锂金属阳极上形成苔藓状的针状沉积物（析锂），这会引发一种反应，导致电池整体性能下降。

此外，这些沉积物还会分解锂离子的电解液，从而电极无法提供额定的功率。这种反应还可能导致电池短路，并可能起火。而在锂电极上形成的人造层可防止电解质降解，并减少在充电过程中形成析锂结构，锂表面形成的稳定层允许它在不破坏电解液的情况下工作，使得电池的寿命更长，这种方法可以应用于其他锂和钠基电池。稳定层是由简单的原位工艺生成的，不需要昂贵或复杂的锂金属阳极预处理或涂层程序。

2020年4月28日，据外媒报道，美国得克萨斯大学奥斯汀分校的研究人员找到了一种稳定锂硫电池的方法，通过在锂金属表面电池原位内部制造一层含有碲的人造层，可以使电池寿命延长4倍，使这项技术更接近商业化。

锂硫电池正负电极的充电容量是现在锂离子电池所用材料的10倍，这意味着它们可以在一次充电中提供更多的使用。硫作为石油和天然气工业的副产品也广泛存在，不仅使电池的生产成本低廉，而且也比锂离子电池中使用的金属氧化物材料更环保。

6.5 钠硫电池

6.5.1 钠硫电池概述

1966年，福特汽车公司的韦伯、库莫尔等人以及陶氏化学公司的鲍勃·海茨、威廉·布朗、查尔斯·莱文等人独立发明了钠硫电池（Sodium-Sulfur Battery）。福特汽车公司的钠硫电池采用 Na-β-氧化铝作为固体电解质，而陶氏采用的是玻璃电解质。钠硫电池是美国福特汽车公司于 1967 年首先发明公布的，钠硫电池经热反应后所产生的理论能量密度为 786（W·h）/kg，实际能量密度为 300（W·h）/kg，具有比能量高，可大电流、高功率放电的特点。

最早日本东京电力公司（TEPCO）和 NGK 公司合作开发商用钠硫电池作为储能电池，其应用目标瞄准电站负荷调平、UPS 应急电源及瞬间补偿电源等。目前（2020 年）国内的大功率钠硫电池主要用于削峰填谷、应急电源、风力发电等可再生能源的稳定输出，以提高电能质量，并未实质应用到商品化的电动汽车中。

6.5.2 钠硫电池的工作原理

钠硫电池是以 Na-β-氧化铝为电解质和隔膜，并分别以金属钠和多硫化钠为负极和正极的二次电池。

钠硫电池的工作原理如图 6-11 所示，以固体电解质 Na-β（或 β⁺）-Al$_2$O$_3$（Na$^+$ 离子导体）为电解质隔膜，熔融硫和钠分别作正负极，钠硫电池是靠电子转移而再生能量。

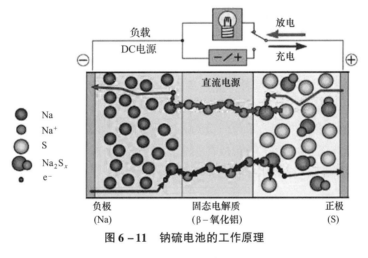

图 6-11 钠硫电池的工作原理

6.5.3 钠硫电池的优缺点

1. 充电次数

钠硫电池采用的材料特殊，所以能连续充电近 20 000 次，也就是说相当于近 60 年的使用寿命，且终生不用维修，不排放任何有害物质，也无二次污染公害，这是别的电池无法达到的。

2. 充电时间

钠硫电池是靠电子转移再生能量，所以它充电时间相当短暂，一次充电可运行 10～11 h。

3. 比能量高

比能量约是铅酸蓄电池的 10 倍，镍氢电池的 4 倍，锂电池的 3 倍。

图 6-11 钠硫电池的工作原理

4. 高功率

钠硫电池可大电流、高功率放电。

5. 充放电效率

钠硫电池的充放电效率几乎高达100%。

但钠硫电池的不足之处是其工作温度在300~350℃，需要一定的加热保温。另外，过充电时很危险。

6.6 超级电容

6.6.1 超级电容概述

传统电容为获得较大的电容量，必须增大表面积或减少介质厚度，但这个伸缩空间有限，导致它的储电量和储能量较小。因此传统电容器的面积是导体的平板面积，为了获得较大的容量，导体材料卷制得很长，有时用特殊的组织结构来增加它的表面积。传统电容器是用绝缘材料分离它的两极板，一般为塑料薄膜、纸等尽可能薄的材料。

超级电容器又叫黄金电容或法拉电容，它通过极化电解质来储能，属于双层电容的一种。超级电容一般使用活性炭电极材料，具有吸附面积大，静电储存多的特点，由于其储能的过程并不发生化学反应，因此这种储能过程是可逆的，正因为如此，超级电容器可以反复充放电数十万次。

目前已经研制出活性炭材料，单位质量的表面积可以达到$2\,000\,m^2/g$，单位质量的电容量可达$100\,F/g$，并且电容的内阻还能保持在很低的水平；另外，炭材料还具有成本低、技术成熟等优点，使得该类超级电容在汽车上应用最为广泛。

6.6.2 超级电容的工作原理

超级电容电极采用多孔化电极，如活性炭粉、活性炭和活性炭纤维。电解液采用有机电解质。

多孔性的活性炭有极大的表面积，在电解液中吸附电荷，因而将具有极大的电容量，并可以存储很大的静电能量。双电层超级电容器的充放电过程始终是物理过程，没有化学反应，因此性能稳定，与利用化学反应的蓄电池是不同的。

6.6.3 超级电容的电极类型

1. 炭电极

炭电极超级电容器的面积是基于多孔炭材料，该材料的多孔结构允许其单位质量面积达到$2\,000\,m^2/g$，通过一些措施还可以实现更大的表面积。炭电极超级电容器电荷分离开的距离是由被吸引到带电电极的电解质离子尺寸决定的，该距离（<1 nm）比传统电容器薄膜材料所能实现的距离更小。这种庞大的表面积再加上非常小的电荷分离距离使得超级电容器较传统电容器而言有巨大的静电容量。超级电容器的这一储电特性介于传统的电容器与电池

之间。尽管能量密度比电池低,但是这能量的储存方式有快充快放的特点,可以应用在传统电池难以解决的短时高峰值电流应用之中。

在电动汽车上广泛使用的主要是炭电极超级电容。

2. 金属氧化物电极

由于金属氧化物(氧化钌)电极电容价格高昂,有二次污染等因素,目前主要用于军事领域。

3. 有机聚合物电极

有机聚合物技术尚未成熟,本书不做介绍。

6.6.4 超级电容的应用

目前超级电容被广泛应用到新能源汽车中,用作起动、制动、爬坡时的辅助动力。

汽车频繁的起步、爬坡和制动造成其功率需求曲线的变化很大,在城市路况下更是如此。这就需要频繁在峰值功率和工作功率之间切换,无疑会大大降低电池的寿命。如果使用比功率较大的超级电容,当瞬时功率需求较大时,由超级电容提供尖峰功率,从而可以大大增加起步、加速时系统的功率输出。

在制动回馈时吸收尖峰功率,可以减轻对电池或其他功率器件的压力,而且可以高效地回收大功率的制动能量。这样做还可以提高电池的使用寿命,改善其放电性能。

1. 超级电容和蓄电池并联

超级电容的快充快放特点使其十分适合为公交车提供动力。超级电容较低的比能量使得它不太适合单独用作汽车能量源,最好能组成复合能源系统,但是这增加了整车的成本。

超级电容和蓄电池采用并联的连接方式。汽车在正常行驶时,电容不参与工作。但当车辆进行加速或上坡时,电容通过 DC/DC 转换器的控制提供短期的大电流,不足的部分由电池补充。

例如,某超级电容组汽车采用 272 个电容单元,单体电容电压为 1.39 V,串联后工作电压为 190~380 V,总质量约 319 kg,电容为 18 000 F。电容组和变频器之间串有双向 DC/DC 转换器,当电容的电压低于蓄电池的端电压时,DC/DC 转换器通过工作电路降压,使超级电容达到能量饱和状态。在汽车急加速时,蓄电池急需电容补充能量,这时需要通过控制电路对电容能量进行升压输出到驱动电机变频器正、负输入端,为电机提供能量。

2. 电起动系统

超级电容的串联等效电阻非常小,非常适合作起动电源。超级电容与电池比较有超低串联等效电阻,功率密度是锂离子电池的数十倍以上,适合大电流放电。例如,4.7 F 的超级电容器能瞬间提供 18 A 以上电流;温度范围宽,为 -40~+70 ℃(一般电池在 -20~60 ℃)。

3. 汽车部件的辅助能源

除了用于动力驱动系统外,超级电容在汽车零部件领域也有广泛的应用。例如,未来汽车设计使用的 42 V 电压为转向系统电机、制动系统电机、空调系统电机或加热、高保真音响及电动座椅等供电。如果使用长寿命的超级电容,可以使需求功率经常变化的子系统性能大大提高,另外还可以减少车内用于电制动、电转向等子系统的布线,同时减少汽车电子系统对电池的功率消耗,延长电池使用时间。

6.6.5 超级电容器产业

在超级电容器的产业化方面,美国、日本、俄罗斯、瑞士、韩国、法国的一些公司凭借多年的研究开发和技术积累,目前处于领先地位。例如,美国的麦克斯威(Maxwell),日本的电气公司(NEC)、松下、Tokin 和俄罗斯的 Econd 公司等,这些公司目前占据着全球大部分市场。Maxwell 公司生产的超级电容如图 6-12 所示。

(a) (b)

图 6-12 Maxwell 公司生产的超级电容

6.7 飞轮电池

6.7.1 飞轮电池概述

在本章介绍的储能装置中,化学蓄电池仍然是最主要的储能装置。燃料电池近几年也发展很快,是电动汽车中新型储能装置的主要代表。飞轮装置发展已经比较成熟,由于其远高于化学电池的比功率和比能量,成为目前许多科研工作者的研究重点。

美国飞轮系统公司(AFS)已经生产出了以克莱斯勒 LHS 轿车为原型的飞轮电池轿车 AFS20,这是一种完全由飞轮电池供电的电动汽车。它由 20 节飞轮电池驱动,每节电池直径 230 mm,质量为 13.64 kg,电池用市电充电需要 6 h,而快速充电只需要 15 min,一次充电行驶路程可达 560 km。从 0 加速到 96 km/h,只需要 6.5 s,其寿命超过 321 万 km。

【专业指导】 飞轮电池系统历史

1992 年美国飞轮系统公司(AFS)开发了一种用于汽车上的机-电电池(EMB),每节"电池"长 18 cm,直径 23 cm,质量为 23 kg。电池的核心是一个以 20 万 r/min 速度旋转的碳纤飞轮,每个电池储能为 1 kW·h。将 12 个"电池"放在 IMPACT 轿车上,能使该车以 100 km/h 的速度行驶 480 km。机-电电池共重 273 kg,若采用铅酸蓄电池,则共重 396 kg。机-电电池所储的能量为铅酸蓄电池的 2.5 倍,使用寿命是铅酸蓄电池的 8 倍,且它的比功率(即"爆发力")极高,是铅酸蓄电池的 25 倍,是汽油发动机的 10 倍,它可将车速在 8 s 内由静止加速至 100 km/h。

1994 年,美国阿贡(ANL)国家实验室用碳纤维试制一个储能飞轮:直径为 38 cm,质量为 11 kg,采用超导磁悬浮,飞轮线速度达 1 000 m/s。它储的能量可将 10 个 100 W 灯泡点燃 2~5 h。该实验室目前正在开发储能为 50 kW·h 的储能飞轮，最终目标是使其储能达 5 000 kW·h。一个发电功率为 100 万 kW 的电厂，约需这样的储能飞轮 200 个。

全球领先的大规模飞轮储能系统供应商灯塔电力公司（Beacon Power）于 2011 年 10 月 30 日宣布申请破产保护。Beacon Power 用此款项建设了世界上第一个大规模的飞轮储能电网应用项目，即位于纽约州的 20 MW 飞轮储能项目。这项技术可在城市用电量少时储存多余电力，在用电需求上升时便将电力注入电网，令更多太阳能、风力发电产生的电力不致浪费。

6.7.2 飞轮电池的工作原理

如图 6-13 所示，将外界输送的电能通过电机转化为飞轮转动的动能储存起来，当外界需要电能时，又通过发电机将飞轮的动能转化为电能，输出到外部负载，而空闲运转时要求损耗非常小。事实上，为了减少空闲运转时的损耗，提高飞轮的转速和飞轮储能装置的效率，飞轮储能装置轴承的设计一般都使用非接触式的磁悬浮轴承技术，而且将电机和飞轮都密封在一个真空容器内以减少风阻。

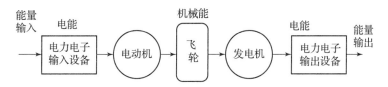

图 6-13 飞轮电池工作原理

发电机和电动机通常使用一台电机来实现，通过轴承和飞轮连接在一起，这样，在实际常用的飞轮储能装置中，主要包括以下部件：飞轮、轴、轴承、电机、真空容器和电力电子装置。飞轮电池的组成如图 6-14 所示。

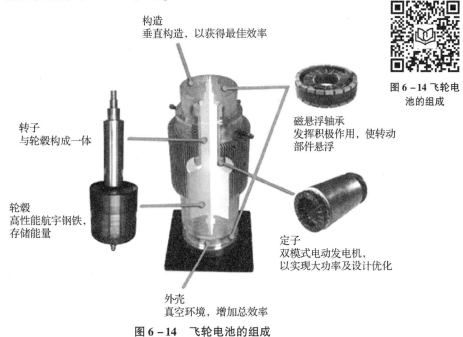

图 6-14 飞轮电池的组成

当外设通过电力电子装置给电机供电时,电机就作为电动机使用,它的作用是给飞轮加速,储存能量;当负载需要电能时,飞轮给电机施加转矩,电机又作为发电机使用,通过电力电子装置给外设供电。在整个飞轮储能装置中,飞轮无疑是其中的核心部件,它直接决定了整个装置的储能多少,其储存的能量由下式决定

$$E = \frac{1}{2}j\omega^2 \qquad (6-1)$$

式中,E 为飞轮储存的能量;j 为飞轮的转动惯量,与飞轮的形状和质量有关;ω 为飞轮转动的角速度。

由式(6-1)可知,飞轮储能装置储存的能量多少就由飞轮的形状、质量和它的转速决定。电力电子装置通常是由 FET 或 IGBT 组成双相逆变器和控制电路,它们决定了飞轮储能装置能量输入/输出量的大小。

6.7.3 飞轮电池的性能

飞轮电池充电快,放电完全,非常适合应用于混合能量驱动的车辆中。车辆在正常行驶和制动时给飞轮电池充电。飞轮电池则在加速或爬坡时给车辆提供动力,保证车辆运行在一种平稳、最优状态下的转速,可减少燃料消耗、空气和噪声污染、并可以减少发动机的维护,延长发动机的寿命。飞轮电池比能量比镍氢电池高 2~3 倍;飞轮电池比功率高于一般化学蓄电池和内燃机,其快速充电可在 18 min 内完成且能量储存时间长。另外,飞轮电池能进行超快速充电,且无化学电池的缩短使用寿命问题,整个电池的使用寿命远长于各种化学蓄电池。飞轮为纯机械结构,不会像内燃机产生排气污染,同时也没有化学蓄电池的化学反应过程,不会引起腐蚀,也无废料的处理回收问题。

6.7.4 飞轮电池的核心技术

飞轮储能装置主要包括飞轮、电机和电力电子装置 3 个核心器件。

飞轮储能方法一直未能得到广泛的应用主要由于 3 点原因:
(1) 飞轮本身的能耗主要来自轴承摩擦和空气阻力;
(2) 常规的飞轮是由钢(或铸铁)制成的,储能有限;
(3) 要完成电能 - 机械能的转换,还需要一套复杂的电力电子装置。

目前,飞轮储能技术取得突破性进展是基于下述 3 项技术的飞速发展:
(1) 高能永磁及高温超导轴承技术的发展;
(2) 高强纤维复合材料技术的发展;
(3) 电力电子技术的发展。

6.7.5 飞轮电池的轴承技术

轴承技术是储能飞轮研究的关键技术。由于储能飞轮的质量、转动惯量相对较大,转速很高,其陀螺效应十分明显,并存在过临界问题,因此对支承轴承提出了较高的要求。

机械轴承主要有滚动轴承、滑动轴承、陶瓷轴承和挤压油膜阻尼轴承等,其中滚动轴承和滑动轴承常用作飞轮系统的保护轴承,陶瓷轴承和挤压油膜阻尼轴承在特定的飞轮系统中获得应用。

飞轮的先进支承方式主要有超导磁悬浮、永磁悬浮、电磁悬浮。

1. 超导磁悬浮轴承

超导磁悬浮轴承由永磁体与超导体组成。超导体多采用高温超导体，例如钇钡铜氧（YBCO）超导体。

当超导体处于超导态时，具有抗磁性和磁通钉扎性。超导磁悬浮轴承利用抗磁性提供静态磁悬浮力，利用钉扎性提供稳定力，从而实现稳定悬浮。为大功率、短期应用而设计的飞轮系统，通过物体绕轴旋转将动能存储起来，就如同一个动能电池，因而可取代铅蓄电池。配备非接触式磁悬浮轴承的高速永磁电机/发电机，运转中100%悬浮使得转子轮毂在转动时脱离所有金属接触，排除了轴承磨损，无须轴承润滑油或润滑脂，也无须维护。因此，在整个飞轮使用期间都无须更换轴承。与传统电池组不同，飞轮在其20年使用周期中，即使进行无数次高速充放电也不会造成损耗。

处于超导态的超导体有迈斯纳效应，迈斯纳效应是指超导体在磁场中呈现抗磁性。抗磁性指当永磁体接近超导体时，超导体内部产生感应电流。感应电流产生的磁场与外磁场方向相反，由此产生超导体和永磁体间的斥力，使超导体或永磁体稳定在悬浮状态。

超导体的磁化强度取决于超导材料的微观晶体结构。有明显磁通钉扎性的氧YBCO超导体所产生的磁悬浮力有黏滞行为，它一方面表现为刚度，另一方面也带来阻尼。由于磁场的不均匀性，转子自转时，定子和转子之间的磁性相互作用会产生摩擦阻力。超导磁悬浮轴承的能量损耗主要包括磁滞损耗、涡流损耗和风损。由于无机械接触，超导磁悬浮轴承的总能耗很小，当然低温液氮的获取和维持需要消耗一定的能量。超导体是由钡钇铜合金制成，并用液氮冷却至77 K，飞轮腔抽至$-8\sim10$ Torr的真空度（托为真空度单位，1 Torr(托) = 133.332 Pa）。由于旋转体为永磁材料，受强度限制，转速不能太高，一般不超过30 000 r/min。由于具有自稳定性、能耗小、高承载力等优点，超导磁悬浮轴承可以用作储能飞轮系统的支承，提高系统的稳定性和储能效率。

2. 永磁悬浮轴承

永磁悬浮轴承通常由一对或多个磁环做径向或轴向排列而成，其中也可以加入软磁材料。设计不同排列，利用磁环间吸力或斥力，可作径向轴承，也可用作抵消转子重力的卸载轴承。随着永磁材料的快速发展，永磁悬浮轴承的承载力迅速增加。但是只用永磁轴承不可能实现稳定悬浮，需要至少在一个方向上引入外力（如电磁力、机械力等），对汽车在加速、上下坡及减速时的飞轮轴相对轴承的位置进行校正。永磁体要实现高速旋转，需要减小径向尺寸或者以导磁钢环代替永磁环。

3. 电磁悬浮轴承

电磁悬浮轴承采用反馈控制技术，根据转子的位置调节电磁铁的励磁电流，以调节对转子的电磁吸力，从而将转子控制在合适的位置上。电磁轴承能在径向和轴向对主轴进行定位，使飞轮运转的稳定性和安全性得到一定的提高，电磁轴承的突出优点是可超高速运行，30 000~60 000 r/min是电磁轴承通常的运行范围。

机械轴承、超导磁悬浮轴承、永磁悬浮轴承、电磁悬浮轴承支承方式各有优缺点，因此在实际应用中常将几种支承方式组合使用。

6.7.6 飞轮电池的应用

就目前的技术来看，飞轮电池电动汽车还不能广泛应用，根据飞轮储能装置本身的特点，它更加适用于混合动力汽车技术中。混合动力汽车是靠内燃机和电机两种方式共同提供推动力的，在汽车正常行驶和制动时给电池充电，汽车爬坡和加速需要功率大时让电池放电。

由于普通汽车发动机在大多数工况行驶时输出的功率仅有发动机最大功率的1/4，存在大马拉小车的情况较多。混合动力汽车中蓄电池和电机的加入恰好可以解决这个问题。这样混合动力汽车在设计时就可以不用按照汽车的最大功率来进行设计，可以避免出现在正常行驶的过程中出现大马拉小车的现象，大幅提高汽车的性能。随着磁悬浮技术的发展，飞轮的充放电次数远远大于汽车电池使用的需要，而且飞轮的充放电是化学能和机械能的相互转化，它的放电深度可大可小，绝不会影响电池寿命；同时，由多台驱动电机共同驱动的飞轮系统可以在很短的时间内达到几万转的转速。此外，在飞轮储能装置中，决定输入/输出的器件是它外接的电力电子器件，而与外部的负载没有关系，还可以很方便地通过控制飞轮的旋转速度来控制飞轮的充电，这种特点在化学电池中实现起来要困难得多。

这种电池电先和飞轮电混合，称为电电混合。电电混合是将飞轮电池加到化学电池或者其他电池上，做成一块电池，称为飞轮混合电池，共同驱动汽车电机，典型代表为保时捷911 GT3 R Hybrid 油电混合动力车，如图6-15 所示。采用飞轮电池（见图6-16），这套针对赛车开发的Hybrid 油电混合动力系统，采用前轮电力驱动搭配后轮发动机驱动的油电混合四驱模式，左右前轮传动轴的两台电机分别拥有60 kW 的输出功率，搭配输出358 kW 的后置后驱6 缸水平对置卧式发动机。

图6-15　911 GT3 R Hybrid 油电混合动力车
1—电机逆变器；2—驱动电机；3—电缆；4—飞轮电池；5—飞轮电池逆变器

利用飞轮物理储能取代现行主流的镍氢与锂离子电池组设计。飞轮电池组最高转速可达40 000 r/min，搭配前轮轴两台电机组成充放电架构。在制动时前轮电机将成为发电机，将前轮制动动能转换为电能并回充至飞轮电机增加电机转速，当驾驶员要踩加速踏板输出动力时，飞轮电池又可供电驱动两台电机，保时捷911 GT3 R Hybrid 一次全力放电时，高达120 kW 的前轮总输出动力可维持6～8 s。

图 6-16 座椅下部的飞轮电池总成

6.8 储能装置的复合结构形式

采用蓄电池、燃料电池、超级电容和飞轮电池等可构成 6 种典型的电动汽车。

6.8.1 蓄电池单独作为能源

图 6-17 所示为现代电动汽车所独有的以蓄电池作动力源的一种结构,也是目前电动汽车应用最多的方式。

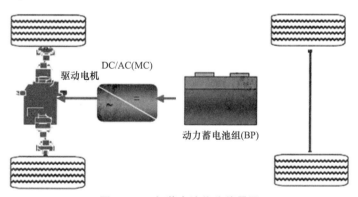

图 6-17 仅蓄电池作为能量源

所选蓄电池应能提供足够高的比能量和比功率,并且在车辆制动时能回收再生制动能量。比能量影响汽车的行驶里程,而比功率影响汽车的加速性和爬坡能力。因此,同时具有高比能量和高比功率的蓄电池对电动汽车而言是最理想的动力能源。

6.8.2 能量型电池+功率型电池

在一种蓄电池不能同时满足对比能量和比功率要求时,可以在电动汽车上同时采用两种不同的蓄电池,其中一种能提供高比能量,另外一种提供高比功率。图 6-18 所示为两种蓄电池作混合动力能源的基本结构。

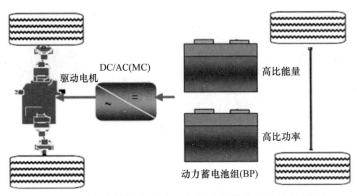

图6-18 高比能量蓄电池+高比功率蓄电池作为能量源

6.8.3 蓄电池+氢气燃料电池

除了蓄电池以外，还可以用燃料电池作为储能装置，它是一个小型的发电装置。燃料电池的工作原理是利用可逆的电解过程，即用氢气和氧气结合产生电和水。氢气可以储存在一个车载的氢气罐里，而氧气可以直接从空气中获得。燃料电池能提供高的比能量，但不能回收再生制动能量，因此最好与一种能提供高比功率且能高效回收制动能量的蓄电池结合在一起使用。图6-19所示为用燃料电池和蓄电池作为混合动力的结构。

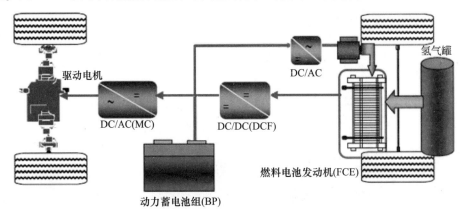

图6-19 蓄电池+氢气燃料电池发动机作为能量源

6.8.4 蓄电池+带重整器的燃料电池发动机

燃料电池所需的氢气不仅可以压缩氢气、液态氢或金属氢化物的形式储存，还可以由常温的液态燃料如甲醇或汽油随车产生。如图6-20所示，一个带小型重整器的电动汽车，燃料电池所需的氢气由重整器随车产生。

6.8.5 蓄电池+超级电容

当用蓄电池与超级电容进行混合时，所选的蓄电池必须能提供高比能量，因为超级电容本身比蓄电池具有更高的比功率和更高效回收制动能量的能力。由于用在电动汽车上的超级电容（通常称为超大容量电容器）相对而言电压较低，所以需要在蓄电池和超级电容之间加一个DC/DC功率转换器。图6-21所示为蓄电池和超级电容作混合动力的结构。

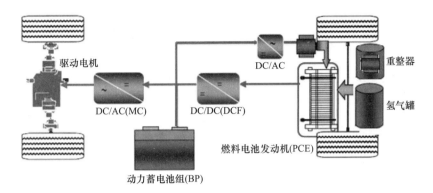

图 6-20 蓄电池 + 带重整器的燃料电池发动机作为能源

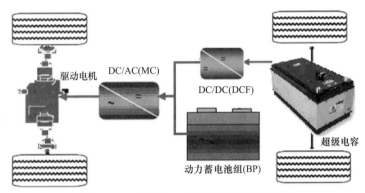

图 6-21 蓄电池 + 超级电容作为能量源

6.8.6 蓄电池 + 飞轮电池

与超级电容类似，飞轮电池是另外一种新兴的具有高比功率和高效制动能量回收能力的储能器。用于电动汽车的飞轮与传统低速笨重的飞轮是不同的，这种飞轮质量轻，且在真空下高速运转。超高速飞轮与具有两种工作模式（电动机和发电机）的电机转子相结合，能够将电能和机械能进行双向转换。如图 6-22 所示，飞轮电池和蓄电池作混合动力的结构所选用的蓄电池应能提供高比能量。飞轮电池与无刷交流电机结合使用，应在飞轮电池和蓄电池之间加一个 AC/DC 转换器。

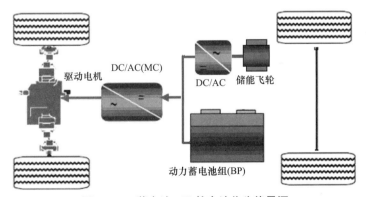

图 6-22 蓄电池 + 飞轮电池作为能量源

6.9 电池管理系统

电池管理系统（Battery Management System，BMS）在生产和售后服务资料中多称为电池控制单元（Battery Control Unit，BCU）。

6.9.1 电池管理的必要性

1. 电池过热

汽车动力电池要采用大容量的单体锂电池，而大容量电池更容易产生过热。单体电池有一定的温度耐受范围，在实际应用中如果体积过大，会产生局部的过热，从而影响电池的安全和性能。因此，单体电池的大小要受到限制，动力和储能电池不可能采用超大的单体锂电池。

【说明】 在苛刻的使用环境下，110 mm×110 mm×25 mm 的 20 A·h 锂电池，局部最高温度为 135 ℃；而 110 mm×220 mm×25 mm 的 50 A·h 锂电池，局部温度高达 188 ℃，更容易发生安全问题，所以有必要监测和控制温度。

2. 电池的性能不完全一致

基于现有的正极材料和电池制造水平，单体电池之间尚不能达到性能的完全一致，在通过串、并联方式组成大功率大容量动力电池组后，苛刻的使用条件也易诱发局部偏差，从而导致性能不一致，引发安全问题。

因此，为确保电池的性能良好、延长电池使用寿命，必须使用 BMS 对电池组的充电电压、充电电流、放电电压、放电电流以及电池电压均衡等进行合理有效的管理和控制，据统计 BMS 可使电池寿命延长 50% 以上。

【说明】 生产和使用过程均会造成电池电压、内阻、容量、电流承受能力不一致。

同种电池的生产批次不同时，生产工艺和材料有差异，即使同批次也有差别。电池到用车客户手中时在库房存储的时间不同，电池在汽车长时间使用，电池箱内的不同电池材质老化不同步，导致电压、内阻、容量有差异；生产时个别电池内部短路，使用时会有电池自放电；电池组内不同区域温度不同，电池串、并联充放电工作电流，某个单体电池组中出现个别电池漏电。

6.9.2 电池成组问题

电池成组后主要的问题有以下几个方面。

1. 过充/过放

串联的电池组在充电/放电时，由于充/放电时化学反应不一致，部分电池可能先于其他电池充满/放完。继续充电/放电就会造成过充/过放，锂电池的内部副反应将导致电池容量下降、热失控或者内部短路等问题。

2. 电流过大

并联、老化、低温等情况均会导致部分电池的电流超过其承受能力，降低电池的寿命。

3. 温度过高

局部温度过高，会使电池的各项性能下降，最终导致内部短路和热失控，产生安全问题。

4. 短路或者漏电

因为振动、湿热、灰尘等因素造成电池短路或漏电，威胁驾乘人员的人身安全。

6.9.3 电池管理系统功能

BMS 的功能是要避免电池成组后出现的问题，因此需要动态监测动力电池组的工作状态，为此要利用电池电压、电流和温度进行管理。

1. 输入信号

1）电压

利用成组或每块电池的端电压进行电池一致性计算、总电压计算，采集成组后的电池是降低成本和提高可靠性的一种实用方式。

2）温度

利用温度传感器对每个电池的温度进行直接监测是不现实的，实用的汽车制造商采用的方法是监测电池箱内的温度作为温度控制的依据。

3）电流

利用电流信号估算出各电池的荷电状态；利用电流和电压共同推断电池的健康状态（State of Health，SOH）和电化学状态（State of Electroformation，SOE）。

4）绝缘电阻

利用漏电保护器监测电池的正极对车身、负极对车身、甚至正极对负极的绝缘电阻。

5）高压继电器触点监测

利用高压上电继电器触点两端的电压监测，实现高压继电器触点粘连监测。

【技师指导】 这样的汽车一般不设计检修塞，同时自诊断程序中也会有下电程序，仪表在修理人员执行下电程序后，会有下电成功的显示，这样就减少了再次验电的麻烦。

2. 输出控制

1）有故障电池监测

能够及时给出电池状况，找出故障电池所在箱号和箱内位号，挑选出有问题的电池，保持整组电池运行的可靠性和高效性。

【技师指导】 通过诊断仪找出故障电池，更换电池时，要将新电池或旧的但未坏的电池充电或放电至电池箱中余下电池的状态，才能换上电池。

2）电池温度管理

电池温度管理根据电池箱内的电池温度控制冷却执行器，执行器分为加热功能和冷却功能。

电池加热设计只针对锂离子电池，镍氢电池则不必加热。加热方式可采用 PTC 加热冷却液，热量经冷却液给电池箱加热，也可在电池箱内直接采用 PTC 进行加热。

电池冷却方式分为风冷和水冷两种。水冷方式一般针对锂离子电池，冷却可采用制冷空调对冷却液制冷，冷的冷却液再给电池箱冷却，也可在电池箱内直接采用空调蒸发器进行冷却。风冷一般针对镍氢电池，仅通过鼓风机对电池箱进行通风控制。

【技师指导】 锂离子电池的温度管理执行器为 PTC 加热器和制冷空调，镍氢电池温度管理执行器为通风用鼓风机。

3）SOC 仪表

将估算的剩余电量显示出来或换算成可行驶里程，同时，还需要有自动报警和故障诊断功能，方便驾驶人员操作和处理。

4）充电机控制

电池管理系统通过总线将电池管理系统计算出来的适合充电电压、电流发给充电机，通过控制充电机，防止电池产生过充电或过放电现象。

电池管理系统的主要任务和输入信号如表 6-4 所示。

表 6-4 电池管理系统的主要任务和输入输出

电池管理系统主要任务	输入信号	执行部件
防止过充	电池电压、电流、温度	充电机
避免过放	电池电压、电流、温度	电机功率转换器
温度控制	电池温度	冷热空调（风扇等）
电池组件电压和温度的平衡	电池电压和温度	平衡装置
预测电池的 SOC 和剩余行驶里程	电池电压、电流、温度	显示装置

充电站充电机的性能要求是大容量、长寿命、快速响应、可滑流充电，因此对 BMS 的要求方面有所不同，但总体功能仍与动力电池的 BMS 类似，起到监控电池 SOC 和 SOH 状态、动态充放电、智能管理和输出控制等功能。

6.10 丰田普锐斯的电池管理系统

6.10.1 系统主要部件

第二代丰田普锐斯的高压电池箱结构如图 6-23 所示。

6.10.2 系统控制

1. HV 蓄电池总成管理和安全保护功能

（1）车辆加速时，蓄电池总成放电。车辆减速时，蓄电池总成通过转换制动能量充电。蓄电池 ECU 根据电压、电流和温度测算 HV 蓄电池的 SOC，然后将结果发送至 HV ECU。混合动力车辆控制 ECU 根据 SOC 执行充电和放电控制。

（2）如果故障发生，则蓄电池 ECU 执行安全保护功能，依照故障程度保护 HV 蓄电池总成。

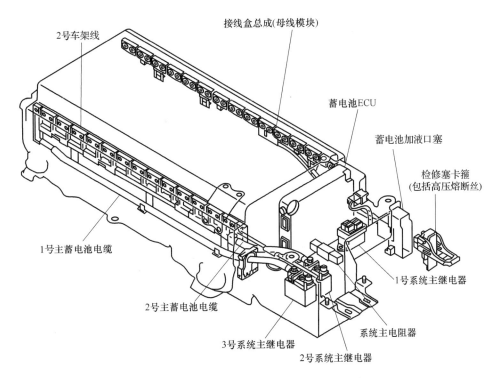

图 6-23 第二代丰田普锐斯的高压电池箱结构

2. 蓄电池鼓风机电机控制

车辆行驶时,为了控制 HV 蓄电池总成温度的升高,蓄电池 ECU 根据 HV 蓄电池总成的温度决定并控制蓄电池鼓风机的转速。

3. MIL 故障灯控制

如果蓄电池 ECU 检测到影响排放的故障,它将把 MIL(故障灯)点亮的请求输送给混合动力车辆控制 ECU,由混合动力控制 ECU 控制仪表故障灯(蓄电池 ECU 不直接点亮 MIL)。

6.10.3 系统工作原理

丰田普锐斯镍氢电池管理系统电路图如图 6-24 所示,从图可知其电池管理系统对电池的管理采用了分组管理,168 块电池分成 14 组,一组的电池数为 12 个单体,标称电压为 14.4 V,蓄电池总电压是各组电池电压之和。

蓄电池的电流监测通过霍尔式电流传感器实现,对蓄电池的电流进行数值积分可确定电池容量。

镍氢电池的温度由电池箱内的 3 个温度传感器确定,电池的进风口采用一个温度传感器,出风口采用两个温度传感器。进气鼓风机采用调速控制模块进行转速控制,由进风口和出风口温度差,以及一个进风口进气温度传感器决定转速。

电池管理系统产生的以上述信息和自诊断的故障等信息通过 CAN 总线实现网络共享。

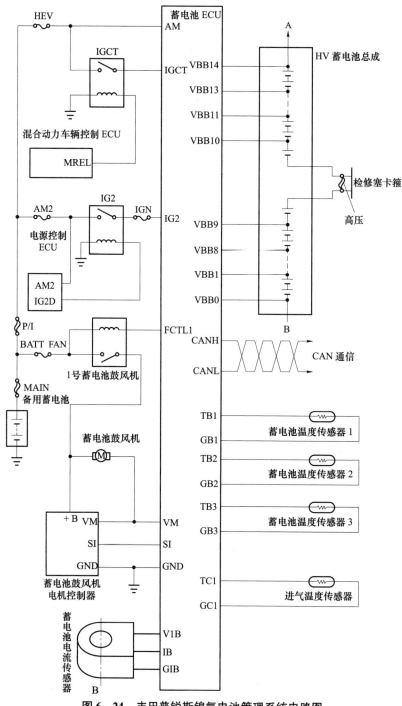

图 6-24　丰田普锐斯镍氢电池管理系统电路图

6.11　电池管理系统技术

蓄电池管理系统主要执行以下工作：电压、电流与温度测量；计算电池 SOC；计算电池放电深度 DOD；计算最大允许放电电流；计算最大允许充电电流；预测蓄电池寿命指数和

SOH；故障诊断。

6.11.1　SOC 的估算方法

传统的 SOC 基本估算方法有开路电压法、内阻法和安时法等，近年来又相继研发出许多对电池 SOC 的新型算法。各种智能算法和新型算法不够成熟，有些复杂算法在单片机系统上难以实现。为了更准确估算 SOC，在算法中还需要考虑对电池的温度补偿、自放电和老化等多方面因素，这也加大了算法的复杂程度。目前国内实际应用的实时在线估算 SOC 的方法大多采用以电流积分为主，加上不同的电压修正的方式（开路电压法、零负载电压法），但是测量精度还不是很高。

1. 安时法（电流积分）

安时法是目前唯一可以精确计算电池组 SOC 的方法，要求标定 SOC 初始值，需要精确计算充电效率或放电倍率，需要以恒电流对电池组进行充放电，必须将电池组彻底放电，存在累计误差。

2. 开路电压法 OCV

开路电压法是电池在充分静置之后测得的开路电压值，计算 SOC 正相关性容易受温度、静止时间等因素的影响；电压处于平台上，SOC 估算易造成较大误差。

3. 直流内阻法

直流内阻法是直流内阻在 SOC 的处于 50% 以下时，呈负相关性，当 SOC 处于 50%～80% 时不适用；直流内阻很小，准确测量困难；受其他很多非线性因素的影响。

电池电解液有效质量法适合铅酸蓄电池，不适合镍氢和锂离子电池；其他方法还有零负载电压法、放电法、在线辨识电池的准确模型、电化学分析法、线性模型法。

6.11.2　动力电池组的安全管理

动力电池组管理系统要承担动力电池组的全面管理，一方面保证动力电池组的正常运作，显示动力电池组的动态信息，并能及时报警，使驾驶员随时都能掌握动力电池组的情况；另一方面要对人身和车辆安全进行保护，避免因电池引起的各种事故。

电池与电池、电池组与电池组之间需要用高压电缆连接。当动力电池组的总电压较高或采用高压直流输出时，高压电缆的截面积比较小，有利于电线束的连接和固定，但高电压要求有更可靠的防护。

当动力电池组的总电压较低时，则电流比较大，高压电缆的截面则比较粗，高压电缆很硬，不能随意形变，安装较不方便。还需要用高压电缆将各个电池箱串联起来，一般在最后输出一箱中加装手动或自动断电器，以便在安装、拆卸和检修时切断电流。另外，在电池箱中还有各种传感器线束，因此在汽车上很长的各种各样的电线束，要求电线之间有可靠的绝缘，并能快速进行连接。

动力电池组的总电压可以达到 90～750 V，一般在 280～650 V 设计，高电压对人体会造成危害，应采取有效的隔离措施，一般是将动力电池组与车辆的乘坐区分离，将动力电池组布置在地板下面或车架的两侧。在正常的情况下，车辆停止使用时，通常会自动切断电源，只有在汽车起动时才接通电源。当汽车发生碰撞或倾覆时，电池管理系统应能立即切断电源,防止高压电引起的人身事故和火灾,并防止电解液造成的伤害,以保证人身安全。可以利用安全气囊触发 BMS 管理系统控制自动开关断开。

电池自身的安全问题,尤其是锂离子电池在过充电时会着火甚至爆炸,因此电池使用的安全问题是国内外各大汽车公司和科研机构当前所面临和必须解决的难题,它直接影响电动汽车是否能够普及应用。

BMS 在安全方面功能有:过电压和过电流控制、过放电控制、防止温度过高、在发生碰撞的情况下关闭电池。这些功能可以与电气控制、热管理系统相结合来实现。

6.11.3 电池箱热管理系统

汽车上使用的动力电池组在工作时都会有发热现象,不同的蓄电池的发热程度各不相同,有的蓄电池在夏季采用自然通风即可满足电池组的散热要求,但有的蓄电池则必须采取强制通风来进行冷却,才能保证电池组正常工作并延长蓄电池的寿命。

蓄电池工作时,会产生较高的温度,理论上可以充分利用其产生的热量用于取暖和挡风玻璃除霜等,使热量得到管理与应用,但实际汽车结构设计决定很难利用这部分热能或不经济。

另外,北方冬季有的蓄电池需要加保温电池箱,并设计恒温控制系统。电池组装在一个系统中,各个蓄电池的温度应保持一致或相接近。

根据动力电池组在电动车辆上的布置,动力电池组的温度管理系统中,首先应合理安排动力电池组的支架,要求便于动力电池组或其分组能够便于安装,能够实现机械化装卸,便于各种电线束的连接。在动力电池组的支架位置和形状确定后设计通风管道、风扇、动力电池组 ECU 和温度传感器等。

电池在不同的温度下会有不同的工作性能,如铅酸蓄电池、锂离子电池和镍氢电池的最佳工作温度为 25~40℃。温度的变化会使电池的 SOC、开路电压、内阻和可用能量发生变化,甚至会影响到电池的使用寿命。温度的差异也是引起电池不均衡的原因之一。

热管理系统的主要任务是使电池工作在适当的温度范围内,降低各个电池模块之间的温度差异。

使用车载空调器可以实现对电池温度的控制,这也是电动汽车常用的温度控制方法,例如利用空调制冷剂通入蓄电池的散热器内部。

6.11.4 电池组均衡方法

针对纯电动汽车,电池组也称电池包(PACK),有别于单体电池。在我国目前的锂离子电池制造水平下,单体之间的性能差异在其整个生命周期里不可避免会存在,组合成多节串联 PACK 后如不采取技术措施,单体电池在充放电过程中的不一致会导致单体电池由于过充、过放而提前失效。要想避免单体电池由于过充、过放导致提前失效,使 PACK 的性能指标达到或者接近单体电池的水平,必须对电池组中单体电池进行均衡控制,电池组均衡的使命是将多节串联后的 PACK 内部各单体电池充放电性能恶化减到最小或使其消失。

避免 PACK 内部各单体电池放电时产生性能恶化,采用简单的控制电路就可做到,但充电时避免 PACK 内部各单体电池产生性能恶化却有较大难度,这使充电均衡成为 PACK 均衡的一个主要问题。

1. 均衡控制方法

多节动力电池组的均衡控制有三种，分别是单体充电均衡、充放电联合均衡和动态均衡。

1）单体充电均衡

对电压低的单体电池进行充电以达到平衡，一个容量及放电功率平衡设计良好的系统中，只要充电均衡控制到位，最差单体电池的性能也能达到出厂指标。

2）充放电联合均衡

如果充电均衡控制不能到位，充放电联合均衡就变得非常重要，在这一情况下，总均衡量是充放电衡量相加和。但这种方式对电池非常不利，因为充电时仍有可能出现过充。

放电均衡是使电池包放电时，其放出能量为所有电池能量的平均和。放电均衡不能解决单体电池组合成电池包后性能恶化的主要问题。

事实上无须放电均衡，此时的充电均衡控制到位指每次充电均衡控制，都可使最差单体电池的电压恢复到充满就可，这一均衡方式下的电池包的各项性能由最差单体电池的性能决定，最差单体电池的性能如果达到出厂指标，电池包各项性能就能达到设计指标。

3）动态均衡

动态均衡即是在锂离子电池的使用和闲置全程进行的充放电均衡。它可以通过延长均衡的时间掩盖充放电均衡量不够所产生的问题。在动态均衡下，因为电池每时每刻都在细微均衡，故在充电和放电时所需要的均衡量大幅下降。

6.11.5　电池均衡技术

为了克服电池不一致带来的严重影响，在电池使用中，人们提出了对电池进行均衡的要求。为此，近十几年来，许多电池管理系统的研发者采用了各种各样的方法来进行电池的均衡。归纳起来有以下几种方法：分流法（旁路法）、切断法和并联法。

1. 分流法（旁路法）

在充电时，当某一电池的充电电压超过设定值时，通过并联在该电池的电阻分流该电池的一部分电流，从而达到降低该电池充电电压的目的。这种方案结构复杂，体积大，分流时发热量大，通用性差。此种分流方法未必非要在电池过压后才开始分流，可以在电压比平均电压高时就开始分流平衡。

2. 切断法

在充电时，当某一电池的充电电压超过设定值时，通过自动控制开关切断该电池的电路，同时闭合旁路开关，电流绕过这块电池，继续向下一块电池充电。切断法开关个数是电池数目的2倍。切断法需要充电器配合，要求充电器够动态适应1个电芯到全部电芯充电的能力，且在切换电池后要能够动态调整充电电压、充电电流，实现恒流、恒压充电以及浮充等，对充电器的要求比较高。

3. 并联法

并联法就是把电池按先并后串的连接方式使用。这也是一些电池生产厂家和电池的使用者，企图利用一些小容量电池组成大容量、高电压电池组所采用的方法。电池并联后，无法测量各单体电池的电压,因而就无法实施对电池组中各单体电池的监控。可见,用并联法是无法实现电池组电池的均衡效果的。

6.11.6　电池管理系统的故障诊断

故障诊断功能是 BMS 的重要组成部分,故障诊断可以在动力电池组工作过程中,实时掌握电池的各种状态,甚至在停机状态下也能诊断动力电池系统的各个部分(包括电池模块)。

故障级别分为一般故障、警告故障和严重故障。

BMS 根据故障的级别将电池状态归纳成尽快维修、立即维修和电池寿命警告三类信息传递到仪表板以警示驾驶员,从而保护电池不被过分使用。

1. 起动过程的 BMS 硬件故障诊断

(1) 传感器信号的合理性诊断。

(2) 电池组电压信号的合理性诊断。

(3) 起动过程电流信号的合理性诊断。

(4) 起动过程温度信号的合理性诊断。

2. 行车过程的 BMS 诊断

(1) 对电压、电流和温度传感器进行诊断。

(2) 电池组电压一致性故障诊断。

(3) 电池组充电过程的过流、过充、充电电压变化率过大的故障诊断。

(4) 电池组放电过程的过流、过放、放电电压变化率过大的故障诊断。

(5) 通信系统故障诊断。

(6) 鼓风机故障诊断。

(7) 高压电控制故障诊断。

3. 故障诊断的处理

(1) 将故障级别分三种不同级别进行,分别为第一级报警、第二级故障、第三级危险。

(2) 将故障级别通过 CAN 总线送至仪表和汽车管理系统。

(3) 将故障诊断结果参与电池实际工作电流的控制。

(4) 若出现第二级或第三级故障时,应进行高压上下电控制。

第 7 章

电动汽车充电

> **学习目标**
>
> 简要说出车载充电机的功率系列；
> 简要说出充电操作过程；
> 简要说出直流充电过程。

7.1 电动汽车充电方式

7.1.1 常规充电方式

常规充电方式指采用恒压、恒流的传统充电方式对电动汽车进行充电。以相当低的充电电流为蓄电池充电，电流大小约为 15 A，以容量为 120 A·h 的蓄电池为例，充电时间要持续 8 个多小时，充电时间与电池的串联电压是多少没有关系，相应的充电器的工作和安装成本相对比较低。电动汽车家用充电设施（车载充电机）和小型充电站多采用这种充电方式。车载充电机是纯电动轿车的一种最基本的充电设备。充电机作为标准配置固定在车上或放在后备厢里。由于只需将车载充电器的插头插到停车场或家中的电源插座上即可进行充电，因此充电过程一般由客户自己独立完成。直接从低压照明电路取电，电功率较小，由 220 V/16 A 规格的标准电网电源供电。在 SOC 达到 95% 以上典型的充电时间为 8~10 h。这种充电方式对电网没有特殊要求，只要能够满足照明要求的供电质量就能够使用。由于在家中充电通常是晚上或者是在用电低谷期，有利于电能的有效利用，因此电力部门一般会给予电动汽车用户一些优惠，例如用电低谷期充电打折。

小型充电站是电动汽车的一种最重要的充电方式，充电机设置在街边、超市、办公楼、停车场等处，采用常规充电电流充电。

电动汽车驾驶员只需将车停靠在充电站指定的位置上，接上电线即可开始充电。计费方式是投币或刷卡，充电功率一般在 5~10 kW，采用三相四线制 380 V 供电或单相 220 V 供电。其典型的充电时间是：补电 1~2 h，充满 5~8 h（SOC 达到 95% 以上）。

7.1.2 快速充电方式

快速充电方式是指在短时间内使蓄电池达到或接近充满状态的一种方法。该充电方式以

1~3 C 的大充电电流在短时间内为蓄电池充电。充电功率很大，能达到上百千瓦。该充电方式以 150~400 A 的高充电电流在短时间内为蓄电池充电，与常规充电相比安装成本相对较高。快速充电也可称为迅速充电或应急充电，其目的是在短时间内给电动汽车充满电，充电时间应该与燃油车的加油时间接近，大型充电站（机）多采用这种充电方式。

电动汽车充电设备主要包括充电站及其附属设施，如充电机、充电站监护系统、充电桩、配电室以及安全防护设施等。图 7-1 所示为充电站控制示意图。

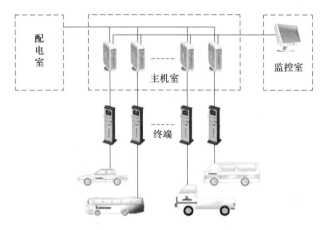

图 7-1 充电站控制示意图

大型充电站（机）的快速充电方式主要针对长距离旅行或需要进行快速补充电能的情况进行充电，充电机功率很大，一般都大于 30 kW，采用三相四线制 380 V 供电。其典型的充电时间是 10~30 min。这种充电方式对电池寿命有一定的影响，特别是普通蓄电池不能进行快速充电，因为在短时间内接受大量的电量会导致蓄电池过热，对于锂离子电池可能发生着火或爆炸。

快速充电站只能采用非车载快速充电组件，也称直流充电桩，它能够输出 35 kW 甚至更高的功率。由于功率和电流的额定值都很高，因此这种充电方式对电网有较高的要求，一般应靠近 10 kW 变电站附近或在监测站和服务中心中使用。此外，该充电方式对附近的电网产生一定的谐波污染，还需采取较为复杂的谐波抑制措施，与慢充的交流充电桩相比安装成本相对较高，只适合大型充电站使用。

7.1.3 无线充电方式

无线充电方式包括电磁感应式（图 7-2）、磁场共振式、无线电波式三种。三种充电方式比较如表 7-1 所示。电动汽车非接触充电方式的研究目前主要集中在感应式充电方式，不需要接触即可实现充电，目前，日产和三菱都有相关产品推出，其原理是采用了可在供电线圈和受电线圈之间提供电力的电磁感应方式，即将一个受电线圈装置安装在汽车的底盘上，将另一个供电线圈装置安装在地面，当电动汽车驶到供电线圈装置上，受电线圈即可接收到供电线圈的电流，从而对电池进行充电。目前，这种方式的成本较高，还处于实验室研发阶段，其功能还有待验证。此外，非接触式充电方式的原理还包括磁场共振和无线电波等，技术一直都被日本厂商垄断。

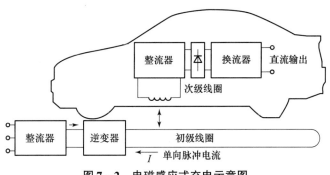

图 7-2 电磁感应式充电示意图

表 7-1 三种无线充电方式比较

方式	电磁感应	磁场共振	无线电波
充电原理	向地面下的初级线圈提供交流电流,线圈产生交变磁场,感应在车底部的次级线圈,次级产生交流电	基本原理与电磁感应相同,只是初级线圈和次级线圈使用同一共振周波,可将阻抗控制在最低,增大发送距离	充电部分和接收部分均采用 2.45 GHz 的微波
使用频率范围	22 kHz	13.56 MHz	2.45 GHz
输出功率	30 kW	1 kW	1 kW
传送距离	100 mm	400 mm	1 000 mm
充电效率	92%	95%	38%
日本研制企业	昭和飞行机工业	长野日本无线	三菱重工业

电动汽车无线充电方式是近几年国外的研究成果,其原理就像在车里使用的移动电话,将电能转换成一种符合现行技术标准要求的特殊的激光或微波束,在汽车顶上安装一个专用天线接收即可。有了无线充电技术,公路上行驶的电动汽车或双能源汽车可通过安装在电线杆或其他高层建筑上的发射器快速补充电能。电费将从汽车上安装的预付卡中扣除。

沃尔沃 C30 电动车能进行感应式充电。电动汽车充电不再需要电源插座或充电电缆,利用感应充电法,电能通过埋在路面内的充电板无线传送给汽车的蓄电池,实现从路面直接给汽车充电。这一技术将极大地降低充电时间,以沃尔沃 C30 电动车为例,在蓄电池完全放电的情况下,给 24 kW·h 大小的蓄电池组完全充电,预计仅用 80 min。

无线电波充电方式也叫移动式充电。对电动汽车蓄电池而言,最理想的情况是汽车在路上巡航时充电,即所谓的移动式充电(Mobile Automobile Charging, MAC)。这样,电动汽车用户就没有必要去寻找充电站、停放车辆并花费时间去充电了。MAC 系统埋设在一段路面之下,即充电区,不需要额外的空间。

接触式和感应式的 MAC 系统都可实施。对接触式的 MAC 系统而言,需要在车体的底部装一个接触装置,通过与嵌在路面上的充电元件相接触,接触装置便可获得瞬时高电流。当电动汽车巡航通过 MAC 池组的方式，其充电过程为脉冲充电。对于感应式的 MAC 系统，车载式接触装置由感应线圈所取代，嵌在路面上的充电元件由可产生强磁场的高电流绕组所取代。很明显，由于机械损耗和接触拱的安装位置等因素的影响，接触式的 MAC 对人们的吸引力不大。

电磁感应式非接触充电系统存在以下三方面的问题：

（1）送电距离比较短，如果两个线圈的横向偏差较大传输效率就会明显下降。目前来看只能实现传输距离为 10 cm 左右，而底盘的距离明显与这个距离有着非常大的距离，因此这是一个很大的问题。

（2）需要考虑很多的散热问题，比如线圈之间的发热。

（3）耦合的辐射问题，电磁波的耦合会不会存在大的磁场泄漏。电磁感应在线圈之间传输电力，如同我们的磁铁一样，在外圈有一定的泄漏，人如何避免受影响是个很大的问题。线圈之间也有可能有杂物进入，还有某些动物（猫狗）进入里面，一旦产生电涡流，就如同电磁炉一样，安全性问题非常明显。一般来说，利用电磁感应原理的无线供电技术最具现实性，并且目前电动汽车上有实际应用。

磁场共振式供电，目前技术上的难点是小型、高效率化比较难。现在的技术能力大约是直径 0.5 m 的线圈，能在 1 m 左右的距离提供 60 W 的电力。磁场共振方式是目前最被看好、被认为是将来最有希望广泛应用于电动汽车的一种方式。

电磁波送电方式，现在则提出了利用这种技术的"太空太阳能发电技术"。如果这种技术能应用，可以从根本上解决电力问题。无线供电使得电动汽车可以提供一种可能：一辆电动汽车从出厂到它报废为止，终生不用你去理会电力补充问题。电动汽车在太阳能电池技术、无线供电技术以及自动驾驶技术的支持下，完全可以颠覆现在的交通概念。若干年以后，在高速公路上车在自动行驶，而汽车、计算机、手机需要的所有电力都来自路面下铺装的供电系统，或者来自汽车上的接收装置接收的电磁波。随着电动汽车的发展，无线充电技术必定有着广阔的利用空间。

综上所述，电动汽车的充电还是采用普通充电为主、快速补充充电为辅的充电方式。对于电动公交车而言，充电站设在公交车总站内。在晚间下班后利用低谷充电，时间 5 ~ 6 h。全天运行的车辆，续航里程不够时，可利用中间休息时间进行补充充电。充电器的数量和容量根据车队的规模而定，充电站由车队管理。1 ~ 3C 的快速充电模式已经在探讨应用，但应确保在电池的安全和使用寿命的前提下进行。

7.1.4　四价目 V to X

1. V2G、V2H 和 V2V

V2G、V2H 和 V2V 是相同的功能，都是在电动车辆的蓄电池直流电和充电口的交流电之间变换来交换电力。

1）V2G

V2G（Vehicle – to – Grid）功能是在电动车辆的蓄电池和电力网之间交换电力。通常被这样使用，即当出现地震等自然灾害时，电动汽车开到医院或灾区现场利用车载的蓄电池为其场地的动力机械设备供电，通常可实现交流单相输出，当然成本允许也可以实现三相输出。

2）V2H

V2H（Vehicle-to-Home）主要为家庭充电提供便捷实用的服务。由于大部分车辆95%的时间是处于停驶状态，车载电池可以作为一个分布式储能单元。这种双向电力融合，一方面可以提高电网的运行效率；另一方面，用户也可以借助峰谷电价从中获益。

据说一台家用电动轿车采用V2G/V2H模式，在一般家庭正常使用情况下，每月的电费非但不用支出，甚至还可以得到盈余。所以，V2G/V2H模式被称为推广PHEV和EV最好的助推剂。

3）V2V

V2V（Vehicle-to-Vehicle）描述了这样的一个系统：当有一台电动汽车出现无电无法运行时，有电的电动汽车可以开过来通过充电口对接线为无电的电动汽车充电，从而恢复行驶能力。

2. V2I

V2I（Vehicle-to-Infrastructure）是车辆与基础设施相互间能通信，是智能汽车中的技术。目前，智能汽车更多是以纯电动汽车为平台设计的。

V2I设备是协作式智能交通系统（Cooperative Intelligent Transportation System，C-ITS）的一部分，该系统可以实现车辆和路边基础设施（如交通信号灯）之间共享信息，对于驾驶员所获得的其他车辆和道路使用者等周边状况，其可以确保上述信息的质量和可靠性得到进一步提升；还能迅速将限速、路面结冰警告或其他危险警告、交通拥堵、道路施工警示等信息传送至过往车辆和交通管理中心，整个过程安全可靠。

V2I技术的成功采用将有利于减少交通拥堵、交通事故等情况的发生，同时也使得与汽车相关的环境污染风险大大降低。

7.2　电动汽车传导式充电接口

7.2.1　充电接口形式

电动汽车传导式充电接口（Electric Vehicle Conductive Charge Coupler）标准适用于交流额定电压最大值为380 V和直流额定电压最大值为600 V的电动汽车用传导式充电接口。

国标规定了两种充电接口：一种是将交流供电电网连接到车载充电机上进行充电的"交流充电"接口；另一种是利用非车载充电机（充电桩）对电动汽车进行"直流充电"的接口。

充电插头的电动汽车国家标准对插头和充电接口的材质、接触电阻、工作时额定电流、额定电压、插拔力、电气性能、防水等级、断开状态、充电状态、防松设置、及时断开等都做了规定。

7.2.2　充电模式和插头颜色

电动汽车充电模式有充电模式1、充电模式2、充电模式3三种，其中模式1和2使用的电源为交流，模式3使用的电源为直流。

1. 充电模式1

使用车载充电机对电动汽车进行充电时，充电电缆通过符合 GB 2099.1—2008《家用和类似用途插头插座第1部分：通用要求》要求的额定电流为 16 A 的插头插座与交流电网进行连接。其额定电压和额定电流应符合要求，单相 220 V 交流，电流 16 A，作为家用使用 GB 2099.1—2008 中额定电流为 16 A 的标准插座连接交流电网。交流充电接口端子连接方式为 L1 + N + PE + CP + PP。

2. 充电模式2

充电模式2包括三种模式，使用特定的供电设备为电动汽车提供交流电源。根据额定电压和额定电流的不同等级将充电模式具体分为：

模式 2-1：采用单相 220 V 交流，电流 32 A，交流充电接口端子连接方式为 L1 + N + PE + CP + PP；

模式 2-2：三相 380 V 交流，电流 32 A，交流充电接口端子连接方式为 L1 + L2 + L3 + N + PE + CP + PP；

模式 2-3：三相 380 V 交流，电流 63 A，交流充电接口端子连接方式为 L1 + L2 + L3 + N + PE + CP + PP。

充电模式2作为商场、停车场等通过特定的供电设备为电动汽车提供交流电源。

3. 充电模式3

使用非车载充电机对电动汽车进行直流充电，其额定电压 600 V 直流，额定电流 300 A，作为高速公路服务区、充电站等通过非车载充电机对电动汽车进行直流充电，交流充电接口端子连接方式为 L1 + L2 + L3 + N + PE + CP + PP。

在充电插头的明显区域（如锁紧装置的控制按钮表面）应有不同颜色来表示不同的充电模式。

蓝色：充电模式1；黄色：充电模式2-1；橙色：充电模式2-2；红色：充电模式2-3；红色：充电模式3。

在供电装置一侧须安装漏电流保护装置；建议在供电装置一侧安装手动或自动断路器。出于安全的考虑，在充电接口连接过程中，首先连接保护接地端子，最后连接控制确认端子。在脱开的过程中，首先断开控制确认端子，最后断开保护接地端子。

7.2.3 符号标志

充电的电源、充电接口、充电模式等在应用中通常要采用符号表示，符号标志的含义如表 7-2 所示。

表 7-2 符号标志的含义

符号	含义
Hz	赫［兹］
~ 或 a.c.	交流电
⎓ 或 d.c.	直流电

续表

符号	含义
L1、L2、L3	交流电源
N	中性线
⏚ 或 ⏛ 或 PE	保护接地
DC +	直流电源正或电池正极
DC −	直流电源负或电池负极
CP	控制确认1
PP	控制确认2
S +	充电通信 CAN – H
S −	充电通信 CAN – L
▽	充电通信 CAN 屏蔽
A +	低压辅助电源正（如：12/24 V +）
A −	低压辅助电源负（如：12/24 V −）
IP XX（有关数字）	IP 代码（GB 4208—2017 规定的防护等级）
CM31	充电模式 3 – 1
CM32	充电模式 3 – 2

7.2.4 交流充电接口

交流充电接口包含 7 个端子，交流充电接口插头和插座端子布置方式如图 7 – 3 所示。

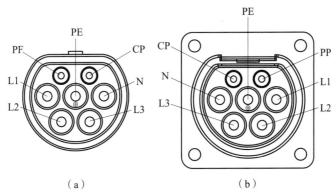

图 7 – 3 交流充电接口插头和插座端子布置方式
(a) 插头；(b) 插座

交流充电接口端子功能定义：L1、L2、L3 为三相交流电，N 为中性线，PE 为保护接地，CP 控制确认1，PP 控制确认2 共 7 个端子。

交流充电接口界面示意图如图 7 – 4 所示。

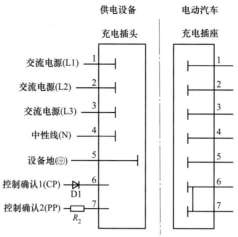

图 7-4 交流充电接口界面示意图

【说明】 其中充电机的充电插头控制确认 1 点 6 脚（CP）内置二极管是检测点，控制确认 2 点 7 脚 PP 有一电阻。汽车充电插座中 6 脚和 7 脚内部相通，同时应注意插头内芯子长短的不同，设备地最长。

7.2.5 直流充电接口功能

1. CM31（充电模式 3-1）

CM31（充电模式 3-1）直流充电接口包含 8 个端子，各个端子的布置方式如图 7-5 所示。CM31（充电模式 3-1）直流充电接口端子功能定义如表 7-3 所示。

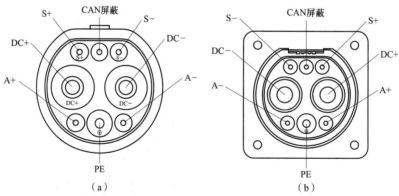

图 7-5 CM31 直流接口插头和插座布置方式

（a）插头；（b）插座

表 7-3　CM31（充电模式 3-1）直流充电接口端子功能定义

触点编号/功能	功能定义
1 - 直流电源正（DC+）	连接直流电源正与电池正极
2 - 直流电源负（DC-）	连接直流电源正与电池负极
3 - 保护接地（PE）	在供电设备地线和车辆底盘地线之间设置的触点。在充电接口连接和断开时，该触点相对于其他触点首先完成连接并最后完成断开

续表

触点编号/功能	功能定义
4－充电通信 CAN－H（S＋）	非车载充电机与电动汽车相关控制系统进行通信
5－充电通信 CAN－L（S－）	非车载充电机与电动汽车相关控制系统进行通信
6－CAN 屏蔽（▽）	CAN 通信用屏蔽线
7－低压辅助电源（A＋）	非车载充电机为电动汽车提供低压辅助电源正
8－低压辅助电源（A－）	非车载充电机为电动汽车提供低压辅助电源负

CM31 直流充电接口界面示意图如图 7－6 所示。

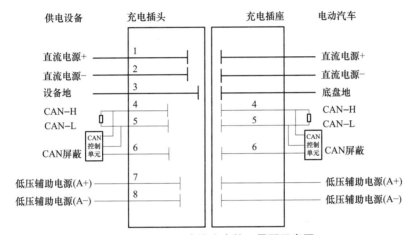

图 7－6　CM31 直流充电接口界面示意图

2. CM32（充电模式 3－2）

CM32（充电模式 3－2）直流充电接口也包含 8 个端子，各个端子的布置方式如图 7－7 所示。CM32（充电模式 3－2）直流充电接口端子功能定义如表 7－4 所示。

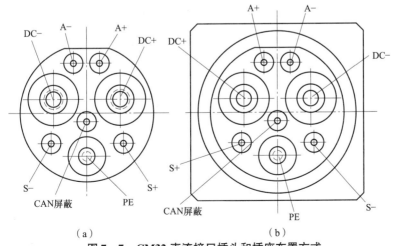

（a）　　　　　　　　　　　（b）
图 7－7　CM32 直流接口插头和插座布置方式
（a）插头；（b）插座

图 7－7 电机两两导通

表7-4　CM32（充电模式3-2）直流充电接口端子功能定义

触点编号/功能	功能定义
1-直流电源正（+）	直流电源正
2-直流电源负（-）	直流电源负
3-保护接地（PE）	在供电设备地线和车辆底盘地线之间设置的触点。在充电接口连接和断开时，该触点相对于其他触点首先完成连接并最后完成断开
4-充电通信CAN-H	非车载充电机与电动汽车相关控制系统进行通信
5-充电通信CAN-L	非车载充电机与电动汽车相关控制系统进行通信
6-CAN屏蔽（⏚）	CAN通信用屏蔽线
7-低压辅助电源（A+）	非车载充电机为电动汽车提供低压辅助电源正
8-低压辅助电源（A-）	非车载充电机为电动汽车提供低压辅助电源负

CM32直流充电接口界面示意图如图7-8所示。

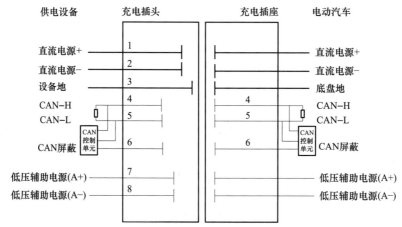

图7-8　CM32直流充电接口界面示意图

第 8 章

电动汽车电机

学习目标

简要说出汽车电机与工业电机的性能要求有何不同；

简要说出交流异步电机结构和特点；

简要说出永磁同步电机结构和特点。

8.1 电动汽车电机种类及性能要求

电机从电源的幅值和频率是否变化分为驱动电机和控制电机两种。

8.1.1 驱动电机

驱动电机是电源的特征（幅值和频率）不发生变化，工作机械特性只取决于负载阻力的大小。

例如：电机的端电压 $u = A\sin(\omega t + \varphi)$，在我国有三相电机和单相电机两种，我国工频电为 50 Hz，$\omega = 100\pi$，线电压为 380 V，相电压为 220 V。因此有

三相电机： $$u = 380\sqrt{3}\sin(100\pi t + \varphi) \tag{1}$$

单相电机： $$u = 220\sqrt{2}\sin(100\pi t + \varphi) \tag{2}$$

可以这样简单理解：由于电压幅值 A 不变，工频的角频率 ω 不变，初始角 φ 不确定，整个电机的机械特性取决于电机的负载大小，这就是驱动电机。

8.1.2 控制电机

控制电机的电源一定是直流电，经变频器控制后输出幅值和频率发生变化的电机，工作机械特性不仅取决于负载阻力的大小，也取决于控制输出。

控制电机的端电压仍为 $u = A\sin(\omega t + \varphi)$，电动汽车为三相电机，电机端电压随以下参数变化而变化。

（1）电压幅值 A：幅值 A 是变值。

（2）角频率 ω：ω 可以从零赫兹调节到几百赫兹。

（3）初始角 φ：φ 为确定值。

整个电机的机械特性取决于电机控制目标的大小,这就是控制电机。

编者认为,典型汽车上的控制电机应用有三种:第一种是部分电动转向用电机采用变频器控制三相电机;第二种是驱动汽车行驶的电机;第三种是电动空调压缩机驱动电机。

8.1.3 电动汽车对电机的要求

用于电动汽车的驱动电机与常规的工业驱动电机不同。电动汽车的驱动电机通常要求频繁的起动/停车、加速/减速,低速或爬坡时要求高转矩,高速行驶时要求低转矩,并要求变速范围大。而工业电机通常优化在额定的工作点。

因此,电动汽车驱动电机比较独特,应单独归为一类,对它们在负载要求、技术性能和工作环境等方面有着特殊的要求。

(1) 电动汽车驱动电机需要有4~5倍的过载,以满足短时加速或爬坡的要求。而工业电机只要求有2倍的过载就可以了。

(2) 电动汽车的最高转速要求达到在公路上巡航时基本速度的4~5倍,而工业电机只需要达到恒功率是基本速度的2倍即可。

(3) 电动汽车驱动电机需要根据车型和驾驶员的驾驶习惯设计,而工业电机只需根据典型的工作模式设计。

(4) 电动汽车驱动电机要求有高功率密度(一般要求达到1 kW/kg以上)和好的效率图(在较宽的转速范围和转矩范围内都有较高的效率),从而能够降低车重,延长续航里程。而工业电机通常对功率密度、效率和成本进行综合考虑,在额定工作点附近对效率进行优化。

(5) 电动汽车驱动电机要求工作可控性高、稳态精度高、动态性能好。而工业电机只有某一种特定的性能要求。

(6) 电动汽车驱动电机被装在机动车上,空间小,工作在高温、坏天气及频繁振动等恶劣环境下。而工业电机通常在某一个固定位置工作。

8.2 电动汽车永磁电机结构

在电动汽车采用的电机中,永磁无刷电机因其效率高(在95%以上),大于感应电机,是高、中、低档电动轿车中优先采用的电机。

8.2.1 永磁无刷电机优点

(1) 电机转子由高磁能永磁材料产生,对于给定的输出功率,它的质量和体积能够大大减小,使得功率密度提高。

(2) 转子为永磁体,铁损小于感应电机的转子,其效率远高于感应电机。

(3) 电机发热主要集中在定子上,易于采取散热措施。

(4) 永磁体没有其他励磁制造缺陷、过热或机械损坏的限制,因而可靠性较高。

汽车永磁电机按有无换向电刷可分为两类:有刷永磁直流电机和无刷永磁直流电机。根据输入电机接线端的交流波形,永磁无刷电机可分为永磁同步电机(正弦波)和永磁无刷直流电机(矩形波)。正弦波产生的转矩基本是恒转矩,这与绕线转子同步电机相同;输入的是交流方波，采用离散转子位置反馈信号控制换向。由于方波磁场与方波电流之间相互作用而产生的转矩比正弦波大，所以，永磁无刷直流电机的功率密度大，但是由功率器件的换向电流引起的转矩脉动也大。

永磁直流无刷电机是从直流有刷电机改进来的，理解了有刷电机，才能正确理解无刷电机。

8.2.2 直流有刷电机

有刷直流电机的工作原理如图 8-1 所示。若在 A、B 之间外加一个直流电源，A 接电源正极，B 接负极，则线圈中有电流流过。当线圈处于图 8-1（a）所示位置时，有效边 ab 在 N 极下，cd 在 S 极上，两边中的电流方向为 a→b，c→d。由安培定律可知，ab 边和 cd 边所受的电磁力为：$F = BLI$，式中 I 为导线中的电流，单位为安（A）。根据左手定则知，两个 F 的方向相反，如图 8-1（a）所示，形成的电磁转矩驱使线圈逆时针方向旋转。当线圈转过 180°时，cd 边处于 N 极下，ab 边处于 S 极上，如图 8-1（b）所示。由于换向器的作用，使两有效边中电流的方向与原来相反，变为 d→c、b→a。这就使得两磁极对应的有效边电流的方向保持不变，因受力方向和电磁转矩方向都不变，电机转子得以顺利转动。但 abcd 中性线圈的电流方向是变化的，电流是矢量，所以通过 abcd 线圈的是交变电流。

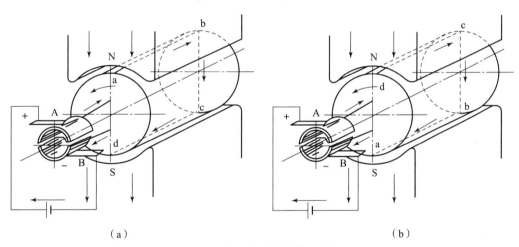

图 8-1 有刷直流电机的工作原理

由于换向器和电刷的存在，换向时由于换流容量过大，会烧毁换向器和电刷，严重时换向器上出现环火。有刷电机功率一般小于 10 kW，换向器引起转矩波动并限制了电机的转速，而电刷带来摩擦与射频干扰（RFI）。另外，由于磨损和断裂，换向器和电刷需定期维护。这些缺点使其可靠性低且不适合于免维护工作，从而限制了它们在电动汽车驱动领域的广泛应用。

8.2.3 永磁直流电机

电动汽车功率需要从几十千瓦到几百千瓦，只能采用电力电子换向的永磁直流无刷电机或永磁直流同步无刷电机，由于同步无刷扭矩输出更平稳，因此轿车使用同步无刷电机。永磁直流电机转子和定子实物图分别如图 8-2 和图 8-3 所示。

图 8-2 永磁直流电机转子实物图

图 8-3 永磁直流电机定子实物图

直流电机之所以称为直流电机是因为电源是直流电，交流电机之所以称为交流电机是因为电源是交流电，无论是直流电机还是交流电机线圈内部电流方向都是变化的。可见有刷电机工作的条件是，线圈能在换向点处把电流换向，电机就能顺利转动下去。现在电机转子采用永磁体，定子线圈采用电子换向，在转子上增加位置传感器，电机变频器根据转子位置，通过控制开关管的导通与截止，实现对线圈电子换向，这种传感器通常称为电机解角传感器。

8.2.4 三相直流无刷电机

1. 三相原始电机基本结构

如图 8-4 和图 8-5 所示，三相直流无刷电机是在最简单的电机（槽数 $Z=3$，极数 $2P=2$，相当于单缸发动机）基础上定子和转子同步加倍做成的，这就相当于多缸发动机是在单缸发动机的基础上罗列出来的。这里极数 P 相当于活塞个数，而一个活塞的配气机构是 3 个定子磁极。

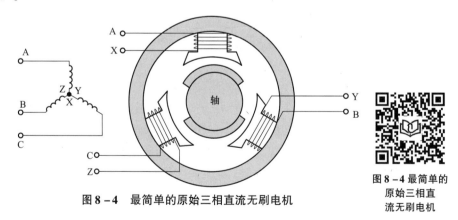

图 8-4 最简单的原始三相直流无刷电机

图 8-4 最简单的原始三相直流无刷电机

2. 加倍降波动

为了降低电机转子的转矩波动，通常要将定子相数和转子磁极数加倍（见图 8-5），在两倍（槽数 $Z=6$，极数 $2P=4$ 相当于两缸发动机）原始电机 A 相中，A1X1 和 A2X2 串在一起构成 A 相，通电时会同时产生磁通。

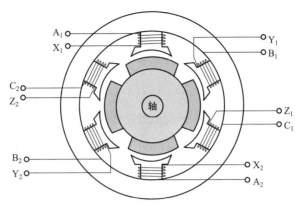

图 8-5 定子极数和转子极数量加倍

8.3 三相逆变过程

电机的扭矩控制本质是两个要素的控制：①什么时间控制开关管导通；②开关管导通持续的时间（电角度）是多少。

8.3.1 变频器的三相逆变桥

电动汽车电机变频控制原理如图 8-6 所示，V1~V6 这 6 个电力 MOSFET 管组成变频器的三相逆变桥。数字信号处理器（DSP 型号 TMS320 系型）接收 H1、H2 和 H3 三个霍尔传感器信号，信号经 DSP 处理器的三个信号（CAP/IOPA3、4、5）捕捉端口进入，信号经过处理控制 DSP 处理器内部的 ePWM 模块，ePWM 模块为 DSP 处理器内部专门为驱动电机开发输出多段脉冲波的模块，ePWM 模块形成六路 PWM 脉冲波，脉冲波经光电隔离电路和反相驱动电路后接入 6 个电力 MOSFET 管的控制栅极（G）。

当汽车采用大功率汽车电机时，6 个电力 MOSFET 管替换为 6 个 IGBT，如图 8-7 所示；霍尔传感器替换为旋转变压器，其他控制电路不变。

8.3.2 电流导通方式

目前电动汽车无刷直流电机驱动方式为全桥驱动方式，由 V1~V6 六只功率管构成的全桥可以控制三相绕组 U、V、W（有时也写为 A、B、C 三相绕组）的通电状态。按照功率管的通电方式可分为"两两导通（120°导通）"和"三三导通（180°导通）"两种控制方式。

1. 两两导通

在两两导通方式下，每一瞬间有两个功率管导通，每隔 1/6 周期即 60° 电角度换相一次。每次换相一个功率管，每只功率管持续导通 120° 电角度。每个绕组正向通电，反向通电各 120° 电角度。对应每相绕组持续导通 120° 电角度，在此期间对于单相绕组电流方向保持不变。假设流入绕组的电流产生正的转矩，流出绕组的电流产生负的转矩，每隔 60° 电角度换相一次意味着每隔 60° 电角度合成转矩方向转过 60° 电角度，大小保持为 $\sqrt{3}$ 倍的扭矩。

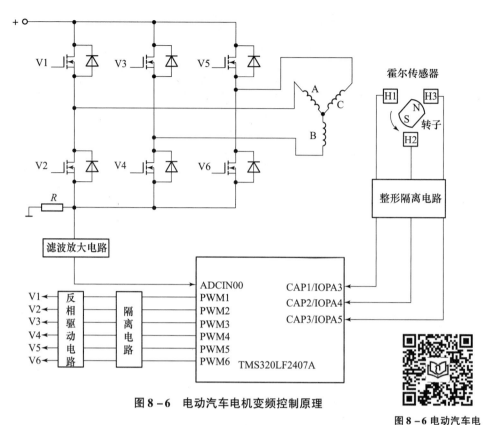

图8-6 电动汽车电机变频控制原理

"两两导通"要比"三三导通"好理解,为了便于说明以"两两导通"为例,电机转动以60°出现一次换流。图8-7所示为电机定子的"两两导通"控制方式。

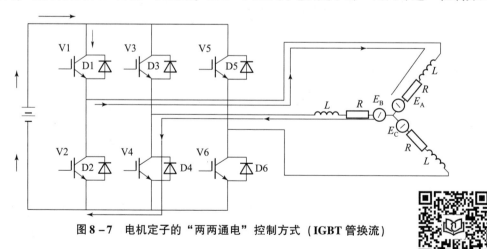

图8-7 电机定子的"两两通电"控制方式(IGBT管换流)

"两两导通"工作原理如下:

以电机转子在0°为始点,先让V1导通120°电角度,在这期间V4先导通60°,电流先经V1→U相→V相→V4流至蓄电池负极,控制V4截止,再控制V6导通60°电角度,电流先经V1→U相→W相→V6流至蓄电池负极。电机转动120°,距始点为120°。

以电机转子在120°为始点,让V3导通120°电角度,在这期间V2先导通60°,电流先经 V3→V 相→U 相→V2 流至蓄电池负极。控制 V2 截止,再控制 V6 导通 60°电角度,电流先经 V3→V 相→W 相→V6 流至蓄电池负极。电机转动 120°,距始点为 240°。

以电机转子在 240°为始点,让 V5 导通 120°电角度,在这期间 V2 先导通 60°,电流先经 V5→W 相→U 相→V2 流至蓄电池负极。控制 V2 截止,再控制 V4 导通 60°电角度,电流先经 V5→W 相→V 相→V4 流至蓄电池负极,电机转动 120°,距始点为 360°,完成一次圆周运动。

只要根据磁极的不同位置,以恰当的顺序导通和阻断各相出线端所连接的可控晶体管,始终保持转子线圈所产生的磁动势领先磁极磁动势一定电角度的位置关系,便可使该电机产生一定方向的电磁转矩而稳定运行。

另外,借助逻辑电路来改变功率晶体管的导通顺序,即可实现电机正反转。

电机的"两两导通"方式和发动机的进、排气门开启有些类似,类似于发动机的两气门"一进一排"方式。

2. 三三导通

每一瞬间有三只功率管通电,每 60°电角度换相一次,每只功率管通电 180°电角度,如图 8-8 所示。每隔 60°电角度换相一次意味着每隔 60°电角度合成转矩方向转过 60°电角度,合成转矩大小为 1.5 倍的扭矩。

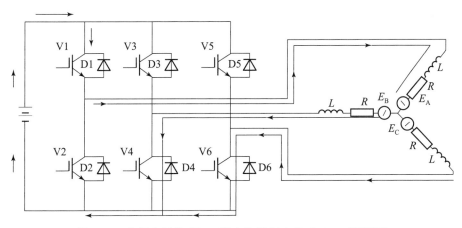

图 8-8 电机定子的"三三通电"控制方式(IGBT 管换流)

8.3.3 定时和定量控制

电机的定子绕组为三相星形连接,位置传感器与电机转子同轴,控制电路对位置信号进行逻辑变换后产生驱动信号,驱动信号经驱动电路放大后控制变频器的功率开关管,使电机的各相绕组按一定的顺序工作。

1. 三相电流定时控制

三相原始电机转子相当于指南针,N 极 F_d 总是力图指向合成磁场,F_a 的大小以及 F_a 和 F_d 的夹角是控制系统要控制的内容,这就相当于发动机喷油量和喷油提前角控制。如图 8-9 所示,用无刷直流电机系统来说明无刷直流电机定时控制的作用。

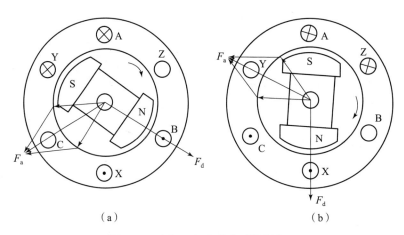

图 8-9 电机三相电流定时控制作用
(a) AX 和 BY 同时通电；(b) AX 和 CZ 同时通电

2. 三相电流定量控制

在三相定子线圈的"两两导通"或"三三导通"方式中，控制 IGBT 的导通角内导通时间接近合导通则定子线圈的电流就大，产生的转矩就高。反之，控制 IGBT 有较小的导通时间则定子线圈的电流就小，产生的转矩就小。

8.4 电机位置传感器

8.4.1 电机位置传感器的功能

功率管的换相信号需要从电机转子位置传感器的状态得出，换相时刻也就是相序信号状态改变的时刻。因此电机转子位置和三相绕组相对关系对于电机的正确方向运行非常重要。

8.4.2 电机位置传感器的类型

通常位置和速度类传感器的种类一般有霍尔式、电磁式、光电式、磁敏式、旋转变压器 5 种。但从抗温度影响、抗污染、抗振动方面，目前旋转变压器式（图 8-10）和霍尔式（图 8-11）有着广泛的应用，特别是旋转变压器式的应用更广泛。

电机位置传感器也是电机转子转速传感器，由于表达过余冗长，一般称为电机解角传感器。

8.4.3 磁极定位过程

在电机定子端壳上安装转子位置传感器时相对壳体指定安装位置会有偏差。另外，电机转子上的信号轮相对转子安装也可能有偏差。

电机静止时的转子停留的位置决定了逆变器第一次应触发哪两个功率管，而在没有位置传感器时判断转子初始位置很复杂。可以先让逆变器任意两相导通，并控制电机电流，通电瞬间后，转子就会转到与该导通状态相对应的一个预知位置，完成转子的定位。

图 8-10 旋转变压器式传感器

(a) 旋转变压器式电机转子位置传感器；(b) 电机转子及信号轮

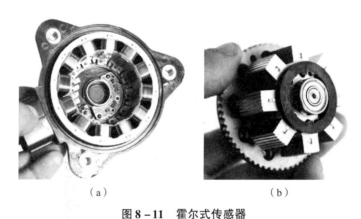

图 8-11 霍尔式传感器

(a) 电机定子及内部的霍尔传感器；(b) 电机转子上的多极磁环

8.4.4 按相序驱动

转子定位后，根据驾驶员换挡杆的位置就可知道接下来应触发的逆变器功率器件。

当变频器控制 ECU 收到确定的电机转子位置信息后，根据驾驶员的换挡申请 P、R、N、D 分别确定封闭驱动信号、驱动信号按反转相序提供、封闭驱动信号、驱动信号按正转相序提供。

8.5 电动汽车感应电机

汽车变频感应电机因其效率低（一般工频效率在 75%~80%）、体积大、质量高的缺点一般只应用在电动卡车或客车上。其实感应电机的优点也是有的，比如低的成本价格和高的可靠性，通过合理的变频控制效率。

8.5.1 交流感应电机种类

交流感应电机有两种类型：绕线转子式感应电机和笼型感应电机。

由于绕线转子式感应电机成本高、需要维护、缺乏坚固性，因而没有笼型感应电机应用广泛，或者说是在电动汽车的电力驱动中根本无法应用。

笼型感应电机简称为感应电机。感应电机驱动除了具有无换向器电机驱动的共同优点外，还具有成本低、坚固等优点。这些优点超过了其控制复杂的缺点，推动了感应电机在电动汽车驱动中的广泛应用。

8.5.2 感应电机的结构

用于电动汽车的感应电机在原理上与工业中用的变频感应电机结构基本相同。然而，这种电机结构需要专门设计，不能直接将工业电机应用于电动汽车。

交流感应电机的结构分为定子结构、转子结构、接线端子结构三部分，有的还加入风扇。

1. 定子结构

如图 8-12 所示，定子铁芯采用更薄的硅钢片叠成，电机定子线圈的绝缘等级要高，电机的电压等级需合理地采用高电压和低电流的电机设计，以减少功率逆变器的成本和体积。铸铝或铸铁机壳内部采用水套，制成水冷电机。采用铸铝机座来减小电机总质量，定子壳体密封要好，防止进水。

感应电机的接线端子有星形（Y）和三角形（△）两种，接线盒内无传统工业电机的壳体接地保护。电机壳体与车身间为等电位，即两者的金属导通，电机定子线圈和车身间采用绝缘检测。一旦出现三相定子和壳体间漏电时，仪表绝缘报警，同时电池上电继电器断开。电动汽车感应电机作为电动汽车电机时，接线端子仅有 U、V、W 三个，不会有保护地线。

2. 转子结构

（1）转子铁芯也由薄硅钢片（见图 8-13）叠加而成，以减少铁损。

图 8-12 感应电机定子结构

图 8-13 感应电机转子结构

（2）由于电机转速较工业电机高，所以要求转子的动平衡度要高，同时轴承质量要好。

电动汽车电机在爬坡时要求低转速高转矩，巡航时要求高转速低转矩，车辆超车时，要求具有瞬时超负载能力。

第 9 章 电力电子变换

> **学习目标**
>
> 能说出电力 IGBT 的特点；
> 能说出电力 IGBT 的驱动电压和截止电压；
> 能通过测量来确定一个电力 IGBT 的好坏；
> 能说出变频器中五个主要元件的作用；
> 能说出电机和变频器的冷却方法。

9.1 电力开关

9.1.1 电力开关的类型

"电力电子变换"是本科电力专业开设的课程，是一门复杂的学科，对于专科学习电动汽车的学生来说，掌握"电力电子变换"中换流开关一章内容即可。

电力开关元件主要有以下几种类型。

(1) 电力晶体管，也称巨型晶体管（Giant Transistor, GTR），一般直接称 GTR 管或 GTR；

(2) 电力场效应晶体管（Power – MOSFET, P – MOSFET），一般简称电力场效应管或电力 MOSFET；

(3) 绝缘栅极双极型晶体管（Insulated Gate Bipolar Transistor, IGBT），一般直接称 IGBT 管；

(4) 智能功率模块（Intelligent Power Modules, IPM），一般直接称 IPM 模块。

9.1.2 电力开关的特点

1. 电力晶体管

电力晶体管（图 9 – 1）对基极（B）进行控制，既可使集电极（C）和发射极（E）之间导通，又可使集电极（C）和发射极（E）之间关断，属于全控型器件。

图 9-1 电力晶体管

它是一种电流控制电流的大功率、高反压电力电子器件，具有自关断能力，产生于 20 世纪 70 年代，其额定值已达 1 800 V/800 A/2 kHz、1 400 V/600 A/5 kHz、600 V/3 A/100 kHz。它既具备晶体管饱和压降低、开关时间短和安全工作区宽等固有特性，又增大了功率容量，因此，由它所组成的电路灵活、成熟、开关损耗小、开关时间短，在电源、电机控制、通用逆变器等中等容量、中等频率的电路中应用广泛。其缺点是驱动电流较大、耐浪涌电流能力差、易受二次击穿而损坏。电力晶体管正逐步被 P-MOSFET 和 IGBT 所代替。

2. 电力场效应晶体管

电力场效应晶体管（见图 9-2）对栅极（G）进行控制，既可使漏极（G）和源极（S）间导通，又可使漏极（G）和源极（S）间关断，属于全控型器件。它的显著特点是驱动电路简单，驱动功率小，开关速度快，工作频率高；但是其电流容量小，耐压低，只用于小功率的电力电子装置，其工作原理与普通 MOSFET 一样。

除电力晶体管 GTR、电力场效应晶体管 P-MOSFET 外，近年来其他新型电力电子器件也得到了迅猛发展。因场控型器件具有驱动功率小、开关速度快的特点，所以这些新型器件多为场控型器件和其他器件的复合。

图 9-2 一单元电力场效应晶体管

3. 绝缘栅极双极型晶体管

绝缘栅极双极型晶体管如图 9-3 所示，是电力场效应晶体管与双极型晶体管的复合器件。它既有电力 MOSFET 易驱动的特点，又具有功率晶体管电压、电流容量大等优点。其工作频率介于电力 MOSFET 与功率晶体管之间，可正常工作于几十千赫频率范围内，故在较高频率的大、中功率应用中占据了主导地位。

【行业指导】 IGBT 是功率半导体器件第三次技术革命的代表性产品，具有高频率、高电压、大电流，易于开关的特点。主要应用：轨道交通电机变频器控制、工业电机变频器控制、汽车电机变频器控制、不间断电源无源逆变器控制、汽车升压或降压电源控制、风电与太阳能发电等有源逆变设备、家用电器、相机和手机等。

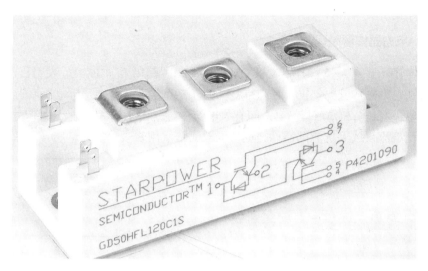

图 9-3 绝缘栅极双极型晶体管 IGBT

4. 智能功率模块 IPM

智能功率模块 IPM（见图 9-4）是在 IGBT 的外围集成了驱动和诊断电子电路，从而实现驱动和诊断的功能。随着 IGBT 的工作频率在 20 kHz 的硬开关及更高的软开关中的应用，智能功率模块 IPM 代替了 MOSFET 和 GTR。

图 9-3 绝缘栅极双极型晶体管 IGBT

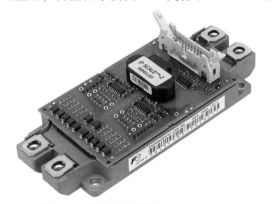

图 9-4 带有驱动板的 IGBT（IPM）

本章主要对于近年出现并发展迅速的绝缘栅极双极型晶体管（IGBT）的工作原理、应用进行讲解，其驱动电路、缓冲和保护电路略去，详见作者编著的《汽车电力电子变换基础》。

9.2 电力晶体管

9.2.1 电力晶体管结构

电力晶体管（Giant Transistor，GTR），是一种耐高电压、大电流的双极结型晶体管，因此用在大功率换流场合。电力晶体管和电工电子学中的三极管的工作原理相同。其优点是输出耐高压、大电流，但输入驱动电路复杂，输入电流较大。

9.2.2 电力晶体管原理

电力晶体管（见图9-5）有集电极C（Collector）、基极B（Base）、发射极E（Emitter）三个电极，在电力晶体管中基极（B）和发射极（E）之间加超过开启电压后形成一个小电流，则在集电极（C）和发射极（E）间有大电流流过，由于输入的是小电流，输出是大电流，因此是用电流来放大电流的器件，电流的放大倍数用 β 表示。

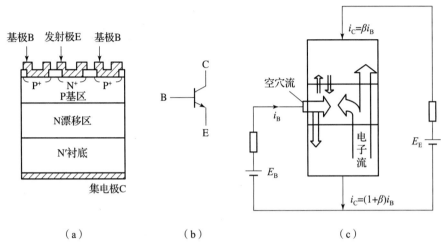

图9-5 电力晶体管内部结构、电气符号和基本原理
(a) 结构剖面示意图；(b) 电气符号；(c) 正向导通电路图

9.2.3 电力晶体管模块符号

电力晶体管模块符号如图9-6所示。其中，图9-6（a）所示的单个单元模块可实现单相半桥逆变，也可组合使用。图9-6（b）所示的两个单元模块不能直接使用，两套两个单元模块组成H全桥逆变，三套两单元模块组成三相全桥逆变。图9-6（c）所示的四个单元模块可实现单相H全桥逆变。图9-6（d）所示的六单元模块可实现三相全桥逆变。

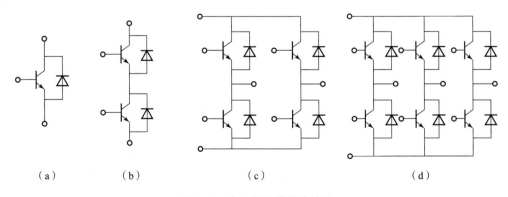

图9-6 电力晶体管模块符号
(a) 一单元模块；(b) 二单元模块；(c) 四单元模块；(d) 六单元模块

9.3 电力场效应晶体管

9.3.1 电力场效应晶体管结构

电力场效应晶体管简称 Power – MOSFET。电力场效应晶体管有 3 个端子：漏极 D（Drainage）、栅极 G（Gate）、源极 S（Source）三个极。

以 N 沟道的电力场效应晶体管（见图 9 – 7）为例，在电力场效应晶体管的漏极（D）接工作电路电源正极，源极（S）接工作电路电源负极时，工作情况如下：

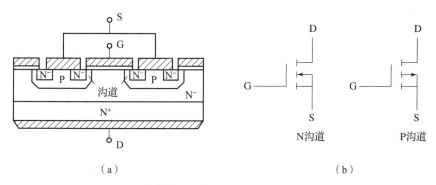

（a） （b）

图 9 – 7　N 沟道电力场效应晶体管内部结构、电气符号

（a）内部结构剖面示意图；（b）电气符号

（1）栅极（G）和源极（S）之间无驱动电压或低于开启电压。

若电力场效应晶体管栅极（G）和源极（S）之间电压为 0，沟道不导电，电力场效应晶体管的漏极（D）和源极（S）处于截止（不导通）状态。

（2）栅极（G）和源极（S）之间电压大于或等于管子的开启电压。

电力场效应晶体管栅极（G）和源极（S）之间电压大于或等于管子的开启电压，沟道导电，电力场效应晶体管的漏极（D）和源极（S）处于导通状态，且开启电压越大，导电能力越强，漏极电流越大。一旦导电沟道形成，即使电力场效应晶体管栅极（G）和源极（S）之间电压降低至管子的开启电压以下或为零电压（取消驱动电压），导电沟道仍不会消失，电力场效应晶体管的漏极（D）和源极（S）仍处于导通状态。放大能力用输出电流与输入电压之比表示，量纲为电阻的倒数，称为跨导，单位是 S（西门子），是电压放大电流的器件。

（3）栅极（G）和源极（S）之间加负电压时。

电力场效应晶体管栅极（G）和源极（S）之间加负电压时，导电沟道消失，管子的漏极（D）和源极（S）处于截止状态，且开启负电压越大，导电沟道消失越快。

9.3.2 电力场效应晶体管保护措施

电力场效应晶体管的绝缘层易被击穿是它的致命弱点，栅源电压一般不得超过 ± 20 V，因此，在应用时必须采用相应的保护措施，通常有以下几种。

1. 防静电击穿

电力场效应晶体管最大的优点是有极高的输入阻抗，因此在静电较强的场合易被静电击穿，为此，应注意储存时，应放在具有屏蔽的容器中，取用时工作人员要通过腕带良好接地；在器件接入电路时，工作台和烙铁必须良好接地，且烙铁断电焊接；测试器件时，仪器和工作台都必须良好接地。

2. 防偶然性振荡损坏

当输入电路某些参数不合适时，可能引起振荡而造成器件损坏，为此，可在栅极输入电路中串入电阻。

3. 防栅极过电压

可在栅、源之间并联电阻或约 20 V 的稳压二极管。

4. 防漏极过电流

由于过载或短路都会引起过大的电流冲击，超过极限值，此时必须采用快速保护电路使器件迅速断开主回路。

9.4 绝缘栅极双极型晶体管

9.4.1 绝缘栅极双极型晶体管结构

绝缘栅极双极型晶体管（IGBT）是电力晶体管（GTR）和电力场效应晶体管（P - MOSFET）结构的复合，IGBT 内部结构如图 9 - 8 所示。电力晶体管（GTR）由 N^+、P、N^-、N^+ 四层半导体组成，无 SiO_2 绝缘层；电力场效应晶体管（P - MOSFET）由 N^+、P、N^-、N^+ 四层半导体组成，有 SiO_2 绝缘层；绝缘栅极双极型晶体管（IGBT）由 N^+、P、N^-、N^+、P^+ 五层半导体组成，有 SiO_2 绝缘层。

二单元 IGBT 的结构如图 9 - 9 所示。

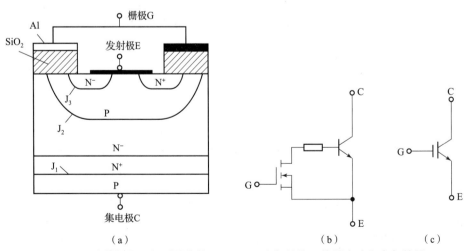

图 9 - 8 绝缘栅极双极型晶体管（IGBT）内部结构、等效电路和电气符号
(a) 内部结构；(b) 等效电路；(c) 电气符号

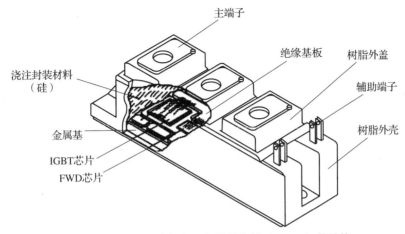

图 9-9 二单元绝缘栅极双极型晶体管（IGBT）的结构

【阅读】 IGBT 封装

IGBT 模块封装如图 9-10 所示，封装 IGBT 模块所用芯片大多由英飞凌、ABB 等国外公司提供，只有极少量的芯片由国内生产，国产 IGBT 芯片年产值不到 1 亿元。

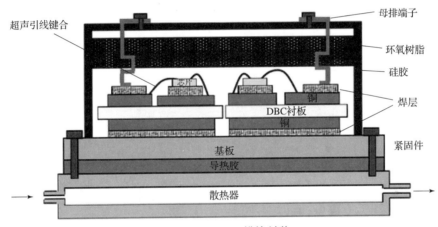

图 9-10 IGBT 模块封装

IGBT 模块封装流程：一次焊接、一次绑线、二次焊接、二次绑线、组装、上外壳、涂密封胶、固化、灌硅凝胶、老化筛选。

IGBT 模块封装采用了胶体隔离技术，防止运行过程中发生爆炸；电极结构采用了弹簧结构，可以缓解安装过程中在基板上形成开裂，造成基板的裂纹；对底板进行加工设计，使底板与散热器紧密接触，提高了模块的热循环能力。对底板设计是选用中间点设计，在规定的安装条件下，它的幅度会消失，能实现更好地与散热器连接。IGBT 工作过程中，开通过程对 IGBT 是比较缓和的，关断过程比较苛刻。大部分损坏是由于关断造成超过额定值。

9.4.2 绝缘栅极双极型晶体管原理

绝缘栅极双极型晶体管（IGBT）是通过栅极驱动电压来控制的开关晶体管，工作原理与电力场效应晶体管（P-MOSFET）和电力晶体管（GTR）相似。因此具有输入栅极（G）

和发射极（E）之间驱动功率很小，开关速度快，输出集电极（C）和发射极（E）之间饱和压降低，工作电流大的优点。

IGBT 有集电极 C（Collector）、栅极 G（Gate）、发射极 E（Emitter）三个极，工作原理是在 IGBT 的 G、E 间施加一个电压，则 C、E 间有大电流流过，是电压放大电流的器件，其工作情况如下。

（1）栅极（G）和发射极（E）之间无驱动电压或低于开启电压。

若电力场效应晶体管栅极（G）和电力晶体管发射极（E）之间电压为 0，电力场效应晶体管的集电极（C）和发射极（E）处于截止（不导通）状态。

（2）栅极（G）和发射极（E）之间电压大于或等于管子的开启电压。

电力场效应晶体管栅极（G）和发射极（E）之间电压大于或等于管子的开启电压，沟道导电，电力场效应晶体管的集电极（C）和发射极（E）处于导通状态，且开启电压越大，导电能力越强，漏极电流越大。一旦导电沟道形成，即使电力场效应晶体管栅极（G）和发射极（E）之间电压降低至管子的开启电压以下或为零电压（取消驱动电压），导电沟道仍不会消失，电力场效应晶体管的集电极（C）和发射极（E）仍处于导通状态。

（3）栅极（G）和发射极（E）之间加负电压时。

电力场效应晶体管栅极（G）和发射极（E）之间加负电压时，导电沟道消失，管子的集电极（C）和发射极（E）处于截止状态，且开启负电压越大，导电沟道消失越快。

9.4.3 绝缘栅极双极型晶体管模块符号

IGBT 模块常用封装符号（见图 9-11）有一单元、二单元、六单元 IPM，符号图中只给出了 IGBT 模块中 IGBT 的组合个数。

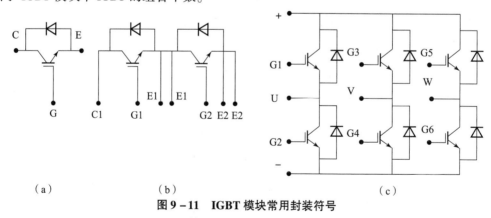

图 9-11 IGBT 模块常用封装符号
(a) 一单元；(b) 二单元；(c) 六单元

9.5 智能功率模块

9.5.1 智能功率模块简介

智能功率模块（Intelligent Power Module，IPM）是在 IGBT 的外围集成了驱动和诊断电子电路，从而实现驱动和诊断的功能。随着 IGBT 的工作频率在 20 kHz 的硬开关及更高的软开关应用中，智能功率模块 IPM 代替了 MOSFET 和 GTR。

9.5.2 智能功率模块功能

智能功率模块具有栅极驱动、短路保护、过流保护、过热保护和欠压锁定等功能。

1. 驱动功能

IPM 内的 IGBT 芯片都选用高速型，而且驱动电路紧靠 IGBT 芯片，驱动延时小，所以 IPM 开关速度快，损耗小。

2. 诊断功能

出现过电压、过电流和过热等故障时，检测电路可将检测信号送到 DSP 做中断处理。

1）过流保护功能

IPM 实时检测 IGBT 电流，当发生严重过载或直接短路引起的过流时，IGBT 将被软关断，同时送出一个故障信号。

2）过温保护功能

在靠近 IGBT 的绝缘基板上安装了一个温度传感器，当基板过热时，IPM 内部控制电路将截止栅极驱动，不响应输入控制信号。

3）欠压保护功能

驱动电压过低（一般为 15 V）会造成驱动能力不够，增加导通损坏，IPM 自动检测驱动电源电压，当低于一定值超过 10 μs 时，将截止驱动信号。

4）其他功能

IPM 内置相关的外围电路，无须采取防静电措施，大大减少了元件数目，体积相应减小。

桥臂对管互锁是在串联的桥臂上，上下桥臂的驱动信号互锁，有效防止上下臂同时导通。优化的门级驱动与 IGBT 集成，布局合理，无外部驱动线，抗干扰能力强。

9.5.3 智能功率模块保护方法

图 9-12 所示为二单元 IPM 内部工作原理图。如果 IPM 其中有一种保护电路工作，IGBT 就关断并输出一个故障信号（Fault Output，FO）。

1. 控制驱动电源欠压锁定（UV）

UV 是 UnderVoltage 的缩写，译为欠（低）电压。如果某种原因导致控制电压符合欠压条件，该功率器件会关断 IGBT 并输出故障信号。如果毛刺电压干扰时间小于规定的时间 $T_d(UV)$ 则不会出现保护动作。

2. 过热保护（OT）

OT 是 Over Temperature 的缩写，译为过温。在绝缘基板上安装有温度探头或测温二极管，如果超过数值 IPM 会截止栅极驱动，直到温度恢复正常（应避免反复动作）。

3. 过流保护（OC）

OC 是 Over Current 的缩写，译为过流。如果 IGBT 的电流超过规定数值，并大于关断时间 $T_{off}(OC)$，典型值为 10 μs，IGBT 被关断。超过 OC 数值，但时间小于关断时间 $T_{off}(OC)$ 的电流，并无大碍，故 IPM 不予处理。当检测出过电流时，IGBT 会被有效地软关断。

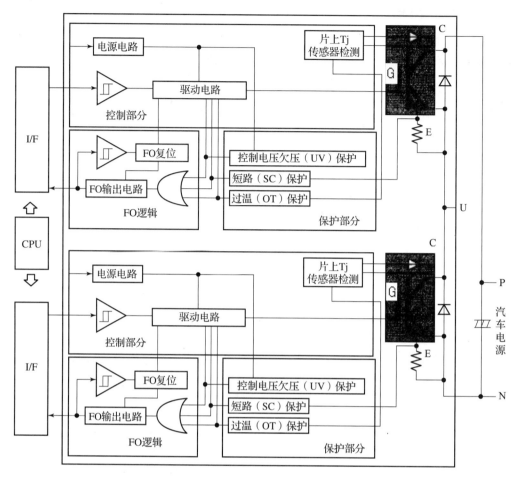

图 9-12 二单元 IPM 内部工作原理图

4. 短路保护（SC）

SC 是 Short Circuit 的缩写，译为短路。当发生负载短路或上下臂直通时，IPM 立即关断 IGBT 并输出故障信号。注意，过流采样和短路采样采用同一回路。

新型 IPM 采用了实时电流检测（Real Time Current Control Circuit，RTC）技术，使响应时间小于 100 ns。

必须避免重复故障而导致结温升高损坏 IPM。系统可通过检测故障输出时间（t_{FO}）长度来确定是过流还是短路引起（1.8 ms），过热时间会长一些。过热复位一般要等基板冷却到 OT 限值以下，可能需要几十秒钟。

9.6　IGBT 保护电路

9.6.1　IGBT 的失效机制

IGBT 的失效机制包括以下四点：

(1) MOS 绝缘栅结构在高温情况下会失去绝缘能力。

(2) 由于硅芯片与铝导线之间热膨胀系数的差异，在输出电流剧烈变化时，铝导线与硅芯片之间的接触面会形成热应力，从而造成裂纹，并会逐步导致铝线断裂。

(3) 由于处于芯片和散热铜底板间的陶瓷绝缘/导热片的热膨胀系数和散热铜底板的热膨胀系数不同，在底板温度不断变化时，连接两种材料的焊锡层会形成裂纹，从而导致散热能力下降，进而导致 IGBT 温度过高而失效。

(4) 由于振动，可能造成陶瓷片破裂，从而降低散热能力和绝缘能力。

上述失效机制将是综合影响并发生的。例如，在 IGBT 输出大电流时，铝线会受到热应力[机制(2)]；同时芯片温度会上升，将热传导到底板，造成底板温度上升，从而激发机制(3)；当温度过高时，会直接导致机制(1)的发生。再加上汽车运行工况所带来的颠簸振动，导致机制(4)的发生。

汽车级电力电子模块重点改善功率循环和温度循环（温度冲击）所引起的失效机制。IGBT 的最大结温是 150 ℃，在任何情况下都不能超过该值。

9.6.2 IGBT 失效原因分析

1. 过热损坏

集电极电流过大引起的瞬时过热及其他原因，如散热不良导致的持续过热均会使 IGBT 损坏。如果器件持续短路，大电流产生的功耗将引起温升，由于芯片的热容量小，其温度迅速上升，若芯片温度超过硅本征温度（约 250 ℃），器件将失去阻断能力，栅极控制就无法保护，从而导致 IGBT 失效。实际运行时，一般最高允许的工作温度为 130 ℃ 左右。

2. 超出关断安全工作区

超出关断安全工作区引起擎住效应而损坏。擎住效应分静态擎住效应和动态擎住效应。

IGBT 为 PNPN 四层结构。体内存在一个寄生晶闸管，在 NPN 晶体管的基极与发射极之间有一个体区扩展电阻 R_s，P 型体内的横向空穴电流在 R_s 上会产生一定的电压降，对 NPN 基极来说，相当于一个正向偏置电压。在规定的集电极电流范围内，这个正偏置电压不大，对 NPN 晶体管不起任何作用。

当集电极电流增大到一定程度时，该正向电压足以使 NPN 晶体管开通，进而使 NPN 和 PNP 晶体管处于饱和状态。于是，寄生晶闸管导通，门极失去控制作用，发生自锁现象，这就是所谓的静态擎住效应。IGBT 发生擎住效应后，集电极电流增大，产生过高功耗，导致器件失效。

动态擎住效应主要是在器件高速关断时电流下降太快，dv/dt 很大，引起较大位移电流流过 R_s，产生足以使 NPN 晶体管开通的正向偏置电压，造成寄生晶闸管自锁。

3. 瞬态过电流

IGBT 在运行过程中所承受的大幅值过电流除短路、直通等故障外，还有续流二极管的反向恢复电流、缓冲电容器的放电电流及噪声干扰造成的尖峰电流。这种瞬态过电流虽然持续时间较短，但如果不采取措施，将增加 IGBT 的负担，也可能会导致 IGBT 失效。

4. 过电压

过电压会造成集电极、发射极间击穿，也会造成栅极、发射极间击穿。

9.6.3 IGBT 保护方法

IGBT 是电压控制型器件，在它的栅极-发射极间施加十几伏的直流电压，只有微安级的漏电流流过，基本上不消耗功率。但 IGBT 的栅极-发射极间存在着较大的寄生电容（几千至上万皮法），在驱动脉冲电压的上升及下降沿需要提供数安培的充放电电流，才能满足开通和关断的动态要求，这使得它的驱动电路也必须输出一定的峰值电流。额定值是 IGBT 和 IPM 模块运行的绝对保证，所谓最大值是器件的极值，在任何情况下都不能超过其范围。

IGBT 的驱动保护包括封锁栅极电压、过流保护（包括短路保护）和过热保护。

1. 封锁栅极电压

封锁栅极电压即不再控制 IGBT 导通。IGBT 作为一种大功率的复合器件，存在着过流时可能发生锁定现象而造成损坏的问题。在过流时如采用一般的速度封锁栅极电压，过高的电流变化率会引起过电压，为此需要采用软关断技术，因而掌握好 IGBT 的驱动和保护是十分必要的。

2. 过载（过流）保护

IGBT 的过流保护电路可分为两类：一是低倍数的（1.2~1.5 倍）的过载保护；二是高倍数（可达 8~10 倍）的短路保护。

IGBT 能承受很短时间的短路电流，能承受短路电流的时间与该 IGBT 的导通饱和压降有关，随着饱和导通压降的增加而延长。如饱和压降小于 2 V 的 IGBT 允许承受的短路时间小于 5 μs，而饱和压降 3 V 的 IGBT 允许承受的短路时间可达 15 μs，4~5 V 时可达 30 μs 以上。存在以上关系是由于随着饱和导通压降的降低，IGBT 的阻抗也降低，短路电流同时增大，短路时的功耗随着电流的平方加大，造成承受短路的时间迅速减小。

对于过载保护不必快速响应，可采用集中式保护，即检测输入端或直流环节的总电流，当此电流超过设定值后比较器翻转，封锁所有 IGBT 驱动器的输入脉冲，使输出电流降为零。这种过载电流保护，一旦动作后，要通过复位才能恢复正常工作。

1）过流保护措施

通常采取的保护措施有软关断和降栅压两种。

（1）软关断。

软关断指在过流和短路时，直接关断 IGBT。但是，软关断抗干扰能力差，一旦检测到过流信号就关断，很容易发生误动作。为增加保护电路的抗干扰能力，可在故障信号与起动保护电路之间加一延时，不过故障电流会在这个延时内急剧上升，大大增加了功率损耗，同时还会导致器件的 di/dt 增大。所以往往是保护电路起动了，器件仍然坏了。

（2）降栅压。

降栅压指在检测到器件过流时，马上降低栅压，但器件仍维持导通。降栅压后设有固定延时，故障电流在这一延时期内被限制在一较小值，则降低了故障时器件的功耗，延长了器件抗短路的时间，而且能够降低器件关断时的 di/dt，对器件保护十分有利。

若延时后故障信号依然存在,则关断器件;若故障信号消失,驱动电路可自动恢复正常的工作状态,因而大大增强了抗干扰能力。

上述降栅压的方法只考虑了栅压与短路电流大小的关系,而在实际过程中,降栅压的速度也是一个重要因素,它直接决定了故障电流下降的 di/dt。慢降栅压技术就是通过限制降栅压的速度来控制故障电流的下降速率,从而抑制器件的 dV/dt 和 U_{ce} 的峰值。

2) 短路检测方式

一般的短路检测方式是电流传感法或 IGBT 欠饱和保护。欠饱和法在 IPM 模块保护中讲解。

如图 9-13 所示,图中 6 个二极管为电机斩波发电时的续流二极管,总线(直流母线)电流传感器(Bus Current Sensor)一般为霍尔式或互感器式。当过流电流超过比较器(Comparator)设定电流时,锁存器(Latch)工作,并向栅极控制电路的停止功能(Disable)端发送关闭 6 个 IGBT 的 6 路正弦波信号触发(PWM Signals),使 6 个 IGBT 锁止不输出电流,直到锁存器 Latch 内的存储内容被清除。

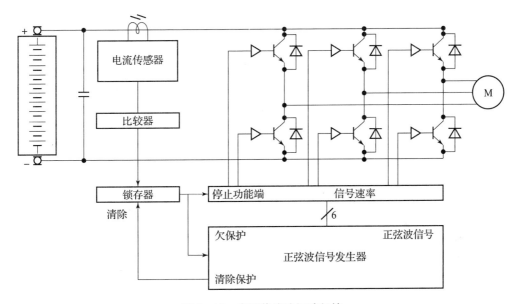

图 9-13 电流传感法短路保护

9.7 IGBT 使用和检查

9.7.1 使用注意事项

IGBT 是逆变器中最容易损坏的部分。由于 IGBT 模块为 MOSFET 结构,IGBT 的栅极通过一层氧化膜与发射极实现电隔离。由于此氧化膜很薄,其击穿电压一般仅能承受到 20~30 V。因此因静电而导致栅极击穿是 IGBT 失效的常见原因之一。使用中要注意以下几点。

在使用模块时,尽量不要用手触摸驱动端子部分,当必须要触摸模块端子时,要先将人体或衣服上的静电用大电阻接地进行放电后,再触摸;在用导电材料连接模块驱动端子时,在配线未接好之前请先不要接上模块;尽量在底板良好接地的情况下操作。在应用中有时虽然保证了栅极驱动电压没有超过栅极最大额定电压,但栅极连线的寄生电感和栅极与集电极间的电容耦合,也会产生使氧化层损坏的振荡电压。为此,通常采用双绞线来传送驱动信号,以减少寄生电感。在栅极连线中串联小电阻也可以抑制振荡电压。

此外,在栅极 – 发射间开路时,若在集电极与发射极间加上电压,则随着集电极电位的变化,由于集电极有漏电流流过,栅极电位升高,集电极则有电流流过。这时,如果集电极与发射极间存在高电压,则有可能使 IGBT 发热及至损坏。

在使用 IGBT 的场合,当栅极回路不正常或栅极回路损坏时(栅极处于开路状态),若在主回路上加上电压,则 IGBT 就会损坏。为防止此类故障,应在栅极与发射极之间串接一只 $10\ \text{k}\Omega$ 左右的电阻。

在安装或更换 IGBT 模块时,应十分重视 IGBT 模块与散热片的接触面状态和拧紧程度。为了减少接触热阻,最好在散热器与 IGBT 模块间涂抹导热硅脂,如图 9 – 14 所示,安装时应受力均匀,避免用力过度而损坏。一般逆变器的底部为水道,当水循环泵损坏或发动机舱前部的冷却风扇不转时将导致 IGBT 模块发热而发生故障,逆变器的过热保护措施会使电机工作电流时有时无。

图 9 – 14 散热器和 IGBT 间使用导热硅脂

在 IPM 和散热器间涂抹使用温度范围大且长期稳定、具有优良热传导率的硅脂。为了填补 IPM 和散热器间弯曲的缝隙,请均匀涂抹,厚度标准为 $150\ \mu\text{m}$(推荐的厚度范围为 $100\sim200\ \mu\text{m}$)。

9.7.2 IGBT 过载使用

IGBT 封装内的芯片不会轻易炸开。如果芯片在过电压、过电流、触发的紊乱情况下炸开,那是变频器的制作水平问题了,常出现在开发阶段。正常使用一般不会发生,除非意外造成芯片在过电压、过电流、触发的紊乱的情况下工作。

一般采用 IGBT 作为整流或者逆变电路的元件,里面都有对元器件的自诊断、自保护功能,很偶然的才会出现 IGBT 封装内的芯片炸开。大多数情况是保护起作用,自动封锁功率器件。将变频器的输出短路，然后上电，它会立即报故障，而不会炸 IGBT，这就是 IGBT 的抗短路功能。其保护的速度是很快的，比快速熔断器还有快。IGBT 不怕短路，但是它害怕过热（过载）。如果过载使用，IGBT 自身就没有保护了（变频器对它的热保护也是比较薄弱的），需要注意它的散热条件、环境温度、长期连续的工作电流选择和限制。

9.7.3 正常 IGBT 管极性判断

判断 IGBT 极性首先将万用表调至 $R \times 1 \text{ k}\Omega$ 挡，用万用表测量时，若某一极与其他两极阻值为无穷大，调换表笔后该极与其他两极的阻值仍为无穷大，则判断此极为栅极（G）。其余两极再用万用表测量，若测得阻值为无穷大，调换表笔后测量阻值较小。在测量阻值较小的一次中，则判断红表笔接的为集电极（C）；黑表笔接的为发射极（E）。

9.7.4 有故障 IGBT 的检测

IGBT 管的好坏可用指针万用表的 $R \times 1 \text{ k}\Omega$ 挡来检测，或用数字万用表的"二极管"挡来测量 PN 结正向压降进行判断。检测前先将 IGBT 管三只引脚短路放电，避免影响检测的准确度；然后用指针万用表的两支表笔正反测 G、E 两极及 G、C 两极的电阻，对于正常的 IGBT 管（正常 G、C 两极与 G、E 两极间的正反向电阻均为无穷大；内含阻尼二极管的 IGBT 管正常时，E、C 极间均有 4 kΩ 正向电阻），上述所测值均为无穷大。

最后用指针万用表的红表笔接 C 极，黑表笔接 E 极，若所测值在 3.5 kΩ 左右，则所测管为含阻尼二极管的 IGBT 管；若所测值在 50 kΩ 左右，则所测 IGBT 管内不含阻尼二极管。对于数字万用表，正常情况下，IGBT 管的 C、E 极间正向压降约为 0.5 V。

综上所述，内含阻尼二极管的 IGBT 管检测除上述以外，其他连接检测的读数均为无穷大。测得 IGBT 管三个引脚间电阻均很小，则说明该管已击穿损坏；维修中 IGBT 管多为击穿损坏。

若测得 IGBT 管三个引脚间电阻均为无穷大，说明该管已开路损坏。

9.7.5 逆变器短路原因

1. 直通短路桥臂

某一个器件（包括反并联的二极管）损坏或由于控制或驱动电路的故障，以及干扰引起驱动电路误触发，造成一个桥臂中两个 IGBT 同时开通。

直通保护电路必须有非常快的速度，在一般情况下，如果 IGBT 的额定参数选择合理，10 μs 之内的过流就不会损坏器件，所以必须在这个时间内关断 IGBT。母线电流检测用霍尔传感器，响应速度快，是短路保护检测的最佳选择。检测值一旦超过设定值，马上输出保护信号封锁驱动。同时用触发器构成记忆锁定保护电路，以避免保护电路在过流时的频繁动作。

2. 负载电路短路

在某些升压变压器输出场合，会出现副边短路的情况。

3. 逆变器输出直接短路

在逆变器输出的三相交流电压供电线间直接短路。

9.8 车用变频器

9.8.1 变频器概述

整流和逆变是一个互逆的过程。

整流器是把交流变成直流的装置。整流器种类有单管单相半波整流器、四管单相全桥整流器、六管三相全桥整流器。

逆变器是把直流变成交流的装置。种类有单管单相逆变器、四管单相全桥逆变器、六管三相全桥逆变器。电动汽车电机为三相全桥逆变器，按导通控制分为两两导通和三三导通两种。

工业变频器是将三相或单相交流电先经整流桥整流成直流，再经逆变桥转成交流。电动汽车动力电源本身就为直流电源，所以，仅是一个逆变过程，不过人们习惯也将逆变器称为变频器。

9.8.2 变频器内元件及其功能

1. 电容器

逆变桥的直流输入端并联有大容量的电容器，可以在放电阶段提供储能器的作用。由于直流放电电容没有内阻，可使电机加速更快。在充电阶段，可减小大电流对蓄电池的负面作用，还有滤波效果。

2. 变频器控制单元

变频器控制单元接收来自纯电动汽车整车控制单元或混合动力汽车控制单元通过 CAN 总线发送过来的电机转矩需求信号，根据电机转子转速信号、电机转子位置信号和三相电机各相电流信号产生驱动逆变桥驱动单元的定时弱信号。

变频器控制单元的核心是数字信号处理器（Data Signal Processor，DSP），作用是从混合动力控制单元（HV – ECU）或纯电动汽车控制单元（EV – ECU）接收发送过来的转矩信号，数字信号处理器根据汽车电机反馈的转速和相电流信号，输出控制电机达到控制目标的控制脉冲来驱动智能逆变桥（IPM）。

图 9 – 15 所示为一汽 B50 纯电动汽车逆变器总成。

3. 逆变桥驱动单元

图 9 – 16 所示为驱动单元和逆变桥，接收来自变频器控制单元的定时弱信号，将这个信号转换成能驱动逆变桥的 15 V 正脉冲，或 – 5 ~ – 10 V 负脉冲。

4. 逆变桥单元

图 9 – 17 所示为驱动单元和双单元 IGBT 模块。逆变桥单元是由三个双单元 IGBT 模块组成，它把直流变成三相交流，给三相永磁直流无刷电机供电。

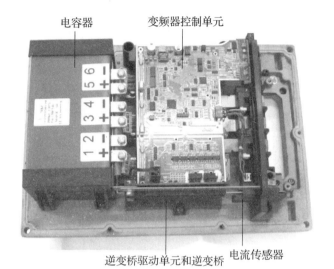

图 9-15　一汽 B50 纯电动汽车逆变器总成

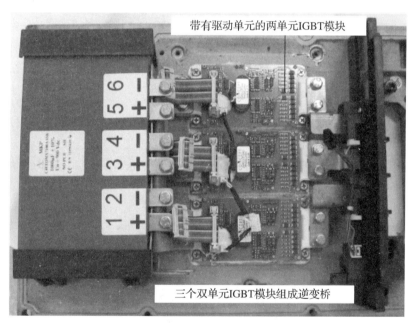

图 9-16　驱动单元和逆变桥

若逆变桥出现故障，如欠电压保护、过电压保护、过流保护、过温保护、短路保护信号时，IPM 通过串行故障输出端口传送给逆变器控制器。

5. DC/DC 升压转换器

为了降低成本，同时提高蓄电池组的可靠性，设计上通常要减少蓄电池串联的数目，导致蓄电池总电压降低，电机效率下降。为了提高电机的效率，通常要采用升压 DC/DC 将低电压升压为高电压，再经逆变器把高压直流变成三相交流电。

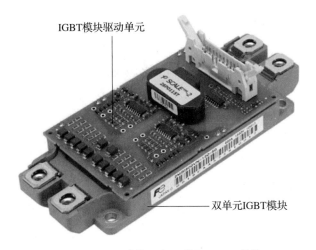

图 9-17 驱动单元和双单元 IGBT 模块

6. DC/DC 降压转换器

混合动力汽车或纯电动汽车由于没有 12 V 发电机,因此需要通过 DC/DC 将蓄电池由高压等级降压为 12 V 等级,为 12 V 铅酸蓄电池充电,而 12 V 蓄电池为全车电气系统供电。

降压 DC/DC 的功率元件为了共用散热器装在驱动电机的逆变器内部。也有汽车将降压 DC/DC 的功率元件布置在逆变器外部,这样的冷却系统是将逆变器、电机、DC/DC、电动冷却液循环泵和散热器等串联。

7. 汽车上其他类型变频器

1)电动空调压缩机变频器

电动汽车空调压缩机采用电机驱动,一般直接用高压蓄电池电压,不用再像驱动电机那样升压。电动空调压缩机变频器如图 9-18 所示。

图 9-18 电动空调压缩机变频器

2)电动转向机变频器

汽车上的 12 V 变频器有电动转向电机采用的变频器,因电动转向机电机功率较小,所以变频器的逆变桥和控制单元体积都较小。以后的 36 V(也称 42 V)系统可能会代替 12 V 给电动转向机供电。

9.8.3 丰田普锐斯变频器

图 9-19 所示为第二代丰田普锐斯变频器,逆变电路主要由智能功率模块（IPM）构成的逆变桥组成,IPM 内部的核心是电动汽车换流的绝缘栅双极型晶体管。逆变器总成内升压 DC/DC 和两套逆变器担负着向 MG1 和 MG2 电机提供交流电的功能。

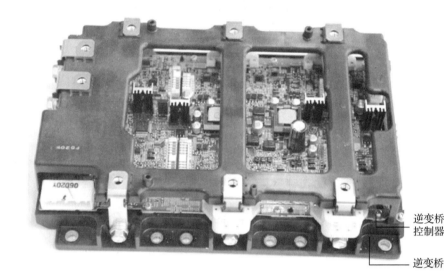

图 9-19 第二代普锐斯变频器

第二代普锐斯逆变器总成内部结构原理如图 9-20 所示,关于本图的细节讲解请参考赵振宁编著的《混合动力汽车构造、原理与检修》。空调压缩机逆变器和降压 DC/DC 分别隶属空调系统和电源系统。逆变器 U、V、W 三相输出中的 V、W 两相中设计有霍尔电流传感器,在《混合动力汽车构造、原理与检修》电机系统检修章节中的霍尔电流传感器已讲过。

9.8.4 比亚迪 e6 电动汽车变频器

比亚迪 e6 纯电动 MPV 车型采用多功能变频器,其内部结构原理如图 9-21 所示,图中除电机和充电接口外的结构为比亚迪 e6 电动汽车变频器原理图,其功能如下：

（1）实现直流变三相交流以驱动电机；

（2）实现将外界的单相或三相交流电转化为直流电给蓄电池充电；

（3）实现将蓄电池的直流电转化为交流电为充电口的交流用电设备供电,起移动充电站的作用。

图 9-21 中 RS1~RS14 为继电器开关（Relay Switch）,RD 为蓄电池给变频器供电的继电器,RC 为蓄电池充电继电器。

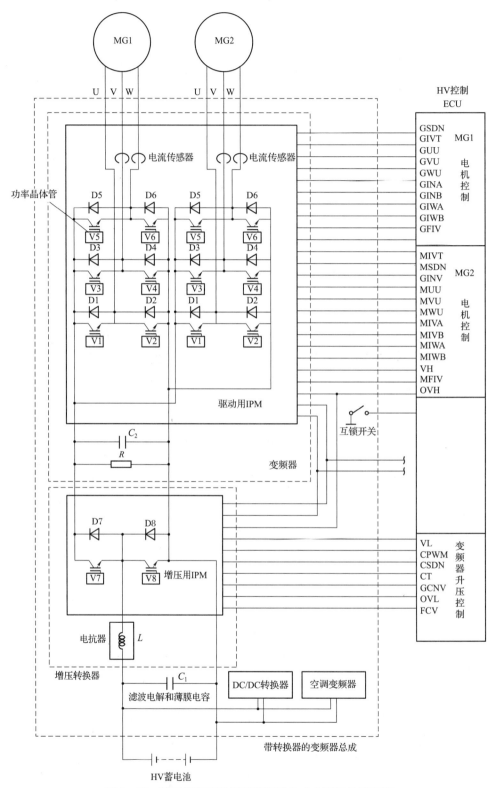

图 9-20 第二代丰田普锐斯逆变器总成内部结构原理图

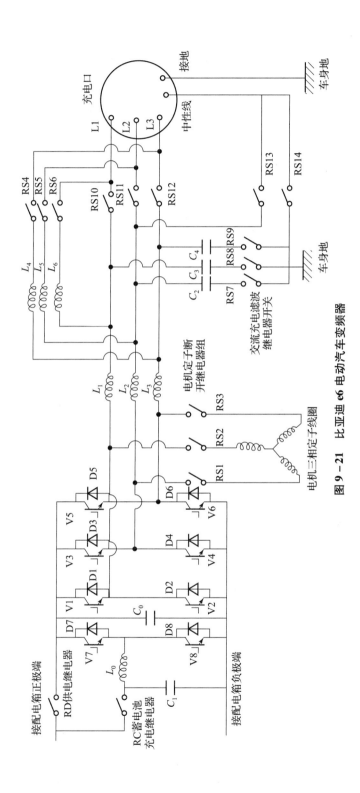

图 9-21 比亚迪 e6 电动汽车变频器

9.9 电机和逆变器冷却系统

电动汽车冷却技术是车辆辅助系统的核心技术之一,是动力、传动装置正常工作的重要技术保证,其技术水平及实车工况状态如何,将直接影响车辆性能指标的实现。电动汽车的性能特别是高温环境下的最大速度、最大爬坡度在很大程度上取决于冷却系统的热负荷特性。

9.9.1 热量的产生

1. 电机生热

汽车电机的工作电流大,铜线因电阻生热多,加之变化的电流产生的磁场会在定子硅钢片内和转子硅钢片内感应出电流生热,所以应合理控制温度,否则会出现绝缘下降、电机退磁和效率降低,要采用专门的冷却介质,一般采用油或防冻液作为冷却液。如图 9-22 所示,汽车感应电机冷却液流向是先由定子、转子中心再回到定子。

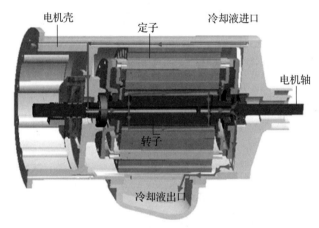

图 9-22 汽车电机冷却液流向

【说明】 现在已研制出一种新型的蒸发式冷却电机,这种电机是根据相变传热原理在液体-气体转变过程中实现高效传热。它的质量较相同功率普通电机要减轻 40% 左右。

2. 逆变桥生热

电动汽车的电机逆变器和电机在工作中会有大量的热产生,特别是逆变器内的 IGBT 模块生热和热集中情况严重。

例如:某电机和电机驱动器一体化系统,电机额定输出功率 24 kW,电机最大输出功率 60 kW,电机驱动器额定输入电压 312 V,电机驱动器额定母线电流 86 A,最大母线电流 236 A。在电机额定输出功率下,电机驱动器发热损耗约为 1.0 kW,电机发热损耗约为 1.53 kW,因而电机和电机驱动器在额定输出功率下的总功耗约为 2.53 kW。这个功率是很大的,冷却液温度升高很快,所以应尽快散热,防止温升。

整个机电系统的功率转换以串联的形式实现,所以系统功率由转换过程中功率最小的环节决定,电池功率由电池的电压和电流能力决定,逆变器的功率由功率半导体器件

（IGBT或MOSFET）的电压和电流能力以及散热能力决定，电机的功率由电机和散热能力决定。

3. DC/DC转换器生热

除了电机逆变器和牵引电机外，还有小功率的DC/DC转换器或DC/AC逆变器。逆变器产生的交流电用来驱动空调压缩泵电机。控制装置一般允许最高温度为60~70℃，而最佳工作环境温度在40~50℃。周围环境的温度较高时，很容易达到其上限温度，所以，必须采取专门的冷却装置，对其温度进行控制。

发动机冷却系统可称为第一冷却系统，而由逆变器、电机或DC/DC等组成的冷却系统可称第二冷却系统。

对于客车，没有空间上的要求，冷却较简单。对于轿车，空间是电动车的一个重要问题，所以要有一套完整的散热机构，包括热交换材料、结构、冷却介质、电控风扇和水泵电机。另外，冷却控制方法上轿车要比客车设计复杂和精确得多。目前已经生产的电动汽车中电机驱动控制系统的冷却方式主要有强迫风冷和液冷两种。液冷效果较好，其中，油冷的相对冷却能力为强迫风冷的20倍以上，水冷的冷却能力为强迫风冷的50倍以上，采用液冷系统的电机和电机驱动系统是适合于电动汽车冷却的必然趋势。

9.9.2 逆变器和电机的冷却系统

图9-23所示为丰田普锐斯第二冷却系统。普锐斯冷却系统用于逆变器总成（丰田称变频器总成）、MG1和MG2。采用了配备有电动水循环泵的冷却系统。电源状态转换为IG（点火）时此冷却系统工作。冷却系统的散热器集成在发动机的散热器中。这样，散热器的结构得到简化，空间也得到有效利用。

注：这种是增压和降压DC/DC转换器、辅助蓄电池DC/DC、MG1和MG2电机逆变器集成在一体进行冷却。

9.9.3 发动机、逆变器和电机的冷却系统

图9-24所示为奥迪Q5混合动力汽车冷却系统，这是发动机、逆变器和电机合在一起的冷却系统。为了冷却电驱动功率和控制装置JX1中的逆变桥，增设一个低温冷却循环回路。在冷却液循环和温度管理方面引入了发动机控制系统MED.17.1.1，它有三个处理器，可以实现创新温度管理。使用这种控制单元的目的是通过改进车辆热平衡，来进一步降低油耗和CO_2排放。

所谓改进热平衡，是指将所有生热部件和需要加热部件连接，比如发动机和变速器上的温度保持功能将能使发动机工作在效率最佳的范围内。

奥迪Q5混合动力汽车上的冷却系统分为低温循环和高温循环两部分。在发动机不工作时，冷却液是由电动冷却液泵来循环的。

发动机冷却系统为高温循环部分，组件包括暖风热交换器、冷却液截止阀N82、电机V141、高温循环冷却液泵V467、冷却液泵、废气涡轮增压器、发动机机油冷却器、冷却液温度传感器G62、特性曲线控制的发动机冷却系统节温器F265、冷却液续动泵V51、高温循环散热器、变速器机油冷却器。

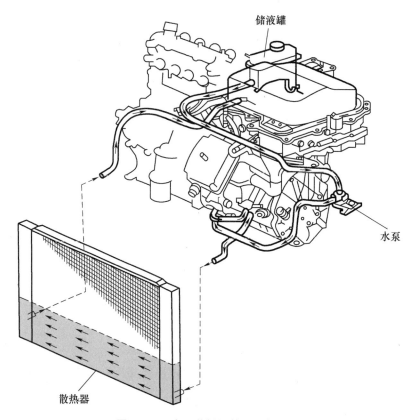

图 9-23 丰田普锐斯第二冷却系统

电机驱动为低温循环部分,组件包括:电驱动装置的功率和控制装置 JX1、低温循环冷却液泵 V468、低温循环散热器。

9.9.4 奔驰 400 混合动力功率系统的冷却

图 9-25 所示为奔驰 400 混合动力汽车的冷却系统,这种是 DC/DC 转换器和电机功率控制器分体时的冷却,也称串联冷却。

混合动力汽车发动机的冷却和电机冷却从设计上是可以设计在一起,但功率电子元件则必须选择独立冷却或与电机组成独立冷却系统。这种冷却在仪表上不设计电机的水温表,而是用电机温度过高的符号表示。

【说明】 国外由于电动汽车发展比较成熟,电动汽车中的电子功率热源电机逆变器和 DC/DC 通常集中在一个散热片上,这时有电机和功率电子两部分热源。

9.9.5 双面冷却技术

过去,丰田汽车的普锐斯及皇冠 Hybrid 等车型一直利用单面水冷冷却 PCU 内的功率半导体。混合动力车雷克萨斯 LS600h 的功率半导体从两面进行冷却,单面冷却半导体元件流过 200 A 电池,采用双面冷却后,可流过 300 A 以上的电流。使单位体积的输出功率比原来提高了 60%。在相同的输出功率情况下,体积则可比原来减小约 30%,质量减轻约 20%。

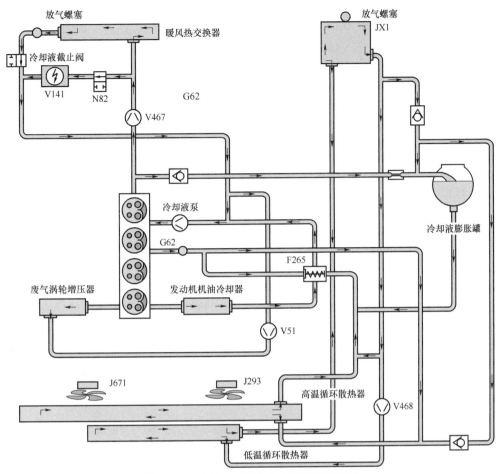

图 9-24 奥迪 Q5 混合动力汽车冷却系统

F265—特性曲线控制的发动机冷却系统节温器②（开启温度 95 ℃）；G62—冷却液温度传感器；
J293—散热器风扇控制单元①；J671—散热器风扇控制单元②；JX1—电机功率和控制装置；
N82—冷却液截止阀②（在热的一侧）；V51—冷却液续动泵；V141—电机①；
V467—高温循环冷却液泵②；V468—低温循环冷却液泵①

注：①由电驱动装置的功率和控制电子装置 JX1 来控制；②由发动机控制单元 J623 来控制；③由空调控制单元 J255 经空调冷却液截止阀 N422 来间接控制。

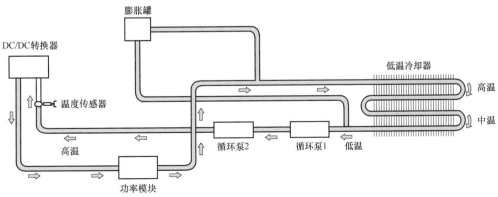

图 9-25 奔驰 400 混合动力功率系统的冷却系统

9.9.6 增加输出功率的办法

增加 PCU 的功率半导体元件数量或使元件比原来流过更大电流时 PCU 存在的问题是散热。现在的车载用功率半导体最高可耐 150 ℃高温，因此需要采用始终将温度保持在 150 ℃以下的冷却结构。

1. 散热器双面半导体冷却技术

散热器单面冷却技术在解决大电流功率半导体的散热问题时有占用空间大的缺点，在散热器上下两面安置大电流功率半导体，现在大部分电动汽车都采用了散热器双面半导体冷却技术，节省空间的同时，增加了散热效果。

近年也有在功率半导体上下两面全加散热器的双面冷却结构，这种方式成本较高，毕竟散热器双面半导体冷却技术目前可行。

2. 耐热半导体

功率半导体的耐热性有可能得到彻底解决。比如，现在使用的是 Si（硅）晶圆，而用 SiC（碳化硅）材料做的话，耐热性将大幅提高，同时还能够通过更大的电流。

第 10 章

DC/DC 转换器

 学习目标

简要说出 DC/DC 转换器的作用；
能画出全桥 DC/DC 转换器原理图；
能说出全桥 DC/DC 转换器原理。

10.1　DC/DC 转换器概述

10.1.1　DC/DC 转换器的作用

直流（Direct Current，DC）/直流转换器也称 DC/DC 转换器。

传统燃油汽车充电系统和电动汽车充电系统的主要区别：燃油车的铅酸蓄电池由与发动机相连的交流发电机来充电，而电动汽车的铅酸蓄电池则由动力电池通过 DC/DC 转换器降压来充电。

采用 DC/DC 转换器给铅酸蓄电池充电的优点：传统非全电子节气门的发动机，当发动机怠速运转时，如果空调、音响及车灯等同时使用，即使发动机仍在运行，有些条件下也会出现电力不足现象。使用动力蓄电池和 DC/DC 转换器之后，可以不必考虑发动机的转速波动而为铅酸蓄电池充电。

10.1.2　DC/DC 转换器的分类

1. 升压型和降压型

升压型主要用在高压电池数目少，高压数值低，为了提高电机效率，采用了升压型。降压型主要用在动力电池和铅酸蓄电池之间。

【技师指导】　直流分为高、低压两种，低压又分为 A 级和 B 级。直流 60 V 以下为 A 级，A 级电压为人体安全电压。B 级为 60 V 以上，1 500 V 以下，是不能电离空气，但接触会触电的电压。汽车上 A 级电压有两种：一是标称为 12 V 电压的电系，12 V 电压的电系通常为轿车、一些轻型货车或客车采用，车上配有一块标称为 12 V 的铅酸蓄电池；二是标称为 24 V 电压的电系，通常为重型柴油货车或大型柴油客车采用，车上配有两块标称 12 V 的铅酸蓄电池串联在一起形成 24 V。

电动汽车或混合动力汽车中用来推动电机转动的能量来自动力蓄电池，动力蓄电池多为一百余块单体电池串联，电压一般在 280~650 V（电动汽车标准规定最高不超过 750 V）。电动汽车动力蓄电池的电压为 B 级电压，通常各汽车厂家的动力蓄电池电压有很大区别。

电动汽车电压在 280~650 V，电压并不高，但由于高过了人体的安全电压，触电后有危险，所以在汽车领域被错误地称为高压，本质是直流 B 级低压标准。从业人员最好称为 B 级直流电压，或不安全电压，不要称为高压。

电动汽车中 DC/DC 转换器分为降压型和升压型两种。

1) 降压转换器

单向 DC/DC 把蓄电池高压直流降压为燃油汽车中发电机的直流电压等级，例如标称的 12 V 或 24 V 输出。例如某锂离子蓄电池电压为 340 V，在汽车行驶中电压会降到电机不能工作的电压如 280 V，DC/DC 转换器保证在 280~340 V 变化电压区间内输出稳定的 14 V 电压，给标称为 12 V 的电系供电。

另外，当锂离子蓄电池电压下降到 280 V 以下时，这种情况汽车已经不能行驶，DC/DC 转换器仍要能从锂离子蓄电池中吸取能量，并向电动汽车的 12 V 电系提供稳定的 14 V 电压，对于 24 V 电系应提供稳定的 28 V 电压。

通常电动轿车或客车只有一个降压直流/直流转换器为铅酸蓄电池充电，少数电动车可以有两个降压 DC/DC 转换器为铅酸蓄电池充电，例如比亚迪 e6。

2) 升压转换器

（1）对动力电池电压进行升压。

采用 DC/DC 转换器将蓄电池高压升为更高的直流电压来驱动电机，可提高系统的工作效率。

（2）对 12 V 铅酸电池进行升压。

在高压蓄电池容量不能驱动汽车时，为了让汽车能开离路面，防止阻塞交通，而采用 DC/DC 转换器将 12 V/24 V 铅酸蓄电池电压升为高压锂离子蓄电池（或镍氢蓄电池）的电压来驱动电机。

2. 全桥型和半桥型

全桥型和半桥型，详见 10.3 节。全桥型采用四个开关管实现高频变压器初级线圈的全桥逆变，而半桥型采用一个开关管实现升压或降压。

3. 非绝缘型和绝缘型

非绝缘型是电路两侧通过电子元件相连通，绝缘型是电路两侧采用变压器隔离，采用磁能交换。绝缘型 DC/DC 转换器的换能部件是变压器。变压器由一次侧（输入侧、动力蓄电池侧）和二次侧（输出侧、铅酸蓄电池侧）两种线圈构成。线圈匝数比与电压比成比例。利用变压器改变电压时，变压器需通过交流电压。动力蓄电池是直流电压，DC/DC 转换器通过控制芯片控制功率半导体导通、截止将动力蓄电池的直流电压转换成交流电压。利用变压器转换交流电压，再利用功率半导体将交流电压转换成 14 V 的直流电压。利用功率半导体转换交流和直流时，负载电容器是为抑制电压波形的噪声，平滑化输出电压。这两种 DC/DC 转换器的工作效率都很高，一般为 85%~95%，并且适于商用。非绝缘型结构简单，成本低；而绝缘型则能将主电源的高等级电压与辅助蓄电池的低等级电压隔离开来，更加安全可靠。

4. 单向 DC/DC 和双向 DC/DC

单向 DC/DC 只能向一个方向实现电压转换，双向 DC/DC 能互相实现电压转换。单向 DC/DC 多用于将燃料电池的电压升为与其并联的蓄电池电压。双向 DC/DC 多用于将动力蓄电池的电压升压为电机工作电压，或反之；也可以将动力电池的电压降为 12 V 铅酸蓄电池的电压，或反之。

10.2 电动汽车次要耗电设备

10.2.1 次要耗电设备

在纯电动汽车中，所有电能都来自动力蓄电池，如图 10-1 所示，驱动汽车行驶的电机是主要耗电设备（也称为"第一大耗"），其他耗电设备是次要耗电设备，这些次要耗电设备包括降压 DC/DC 转换器、电动空调压缩机、PTC 加热器或电动客车上的电动空气压缩机（也称为"四小耗"）。其中电动空调压缩机、PTC 加热器或电动客车上的电动空气压缩机为直接采用动力电池电压运行，而降压 DC/DC 转换器是降压设备，其设备运行电压为铅酸蓄电池的电压。

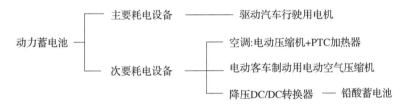

铅酸蓄电池为汽车发动机、底盘、电气和电力电子驱动系统的电控系统供电，也为无电控电路供电。

图 10-1 电动汽车（含混合动力汽车）动力电池耗电设备

【作者说明】 这些次要耗电设备在一些书中通常称为辅助子系统，但车上没有辅助系统和辅助子系统这个概念，若有，至少也是××系统的子系统，电动汽车整体不能称为系统，所以车上根本没有电动汽车辅助子系统，本书将还原其本质为次要耗电系统。

10.2.2 保留铅酸蓄电池的必要性

电动汽车以动力蓄电池为电源，能够利用 DC/DC 转换器为铅酸蓄电池充电。因此，混合动力车装备 DC/DC 转换器之后，还可省去原车交流发电机。混合动力车和电动汽车按说也能省去铅酸蓄电池，但实际上还是保留了铅酸蓄电池，这样做有两大原因：

（1）保留铅酸蓄电池更能够降低整个车辆的成本。

蓄电池能在短时间内向空调、雨刮器及车灯等释放大电流。如果省去铅酸蓄电池，通过 DC/DC 转换器将动力蓄电池的电力用于空调及雨刮器会导致 DC/DC 转换器的尺寸增大，从而使整体成本增加。另外，铅酸蓄电池便宜，因此目前将铅酸蓄电池置换成动力蓄电池（目前仅指锂离子电池或镍氢电池）还没有成本上的优势。

(2) 确保电源的冗余度。

铅酸蓄电池还有确保向低压供电的冗余度的作用。当 DC/DC 转换器出现故障停止供电时,如果没有铅酸蓄电池,低压电就会立即停止运行。

例如:夜间车灯不亮,雨天雨刮器停止运行等,就会影响驾驶。如果有铅酸蓄电池,便能够将汽车就近开到家里或者修理厂。

10.2.3 DC/DC 降压后运行的用电设备

次要耗电设备中的降压 DC/DC 转换器为汽车电气中的铅酸蓄电池充电,也为电气中的灯光、空调、电动车窗、刮水器、仪表、喇叭及收音机等运行供电;还为汽车底盘的动力转向、液压制动等供电。

次要耗电设备中的 DC/DC 转换器供电运行设备功率如表 10-1 所示。

表 10-1 次要耗电设备中的 DC/DC 转换器供电运行设备功率

负载类型	用电设备	额定功率/W	权值	计算功率/W
长期用电设备	组合仪表、蓄电池	84	1	84
连续用电设备	雨刮器电机、音响系统等	1 228	0.5	614
短时间歇用电设备	电喇叭、各类信号灯等	2 050	0.1	205
EV 附加用电设备	电动真空泵	420	0.1	42
	电动水泵	50	1	50
	电动转向	250	0.3	75
总功率		4 082		1 070

DC/DC 转换器的优化容量表示电池的充电和放电过程能够相互平衡,而且辅助蓄电池一直保持满充状态。例如,如果选择更大的容量,则充电过程就比放电过程占优势,就会导致 DC/DC 转换器尺寸过大或者出现辅助蓄电池过充的问题;如果选择小一点的容量,则电池的放电过程就比充电过程占优势,这将会导致辅助蓄电池在紧急情况下使用时失去满充状态。

除高压供电的驱动电机、电动空调压缩机电机、暖风 PTC 电加热器和客车用的电动空气压缩机之外,其他电气和电控系统的总能耗大约为 1 kW,所以选 DC/DC 转换器至少为 1 kW。若动力转向不采用 12 V 供电,则 DC/DC 转换器的功率可以减小,但实际中为保险起见通常选 DC/DC 转换器至少为 1.5 kW。

DC/DC 转换器的独立和集成。电动汽车 DC/DC 转换器实物(见图 10-2)为独立一体,内部电力电子件、变压器、滤波电感的生热采用水冷。吉利电动汽车水冷 DC/DC 转换器(见图 10-3)采用散热器双面安置电子元件技术,散热器上部为驱动电机的变频器,下部为降压 DC/DC 转换器,两个外露的电接柱为 DC/DC 转换器原输出。

图 10 – 2　独立水冷电动汽车 DC/DC
转换器实物

图 10 – 3　水冷直流 DC/DC 转换器
（内置到变频器底部）

10.2.4　次要耗电设备中的高压运行设备

电动空调是次要耗电设备中最大的耗能设备，它的功耗占所有次要耗电设备功耗的 60% ~ 75%。为了减少空调的损耗，通常采用动力电池电压等级供电。在电动客车上通常采用变频器驱动一个三相交流电机来拖动空气压缩机，为行车制动、驻车制动等操作提供气源。

【技师指导】　为了节约能量，对于那些原来功率大的 12 V 用电设备，如助力转向电机、液压制动电机等可能会采用较高的电压供电。因此可能为此有几个 DC/DC 转换器，它们降压分别输出除了常规的 14 V、28 V 之外，还要采用 48 V 甚至 120 V 的电压。这使得电动汽车的辅助蓄电池系统比燃油车的原车系统更为复杂。

10.2.5　DC/DC 转换器的发展方向

（1）DC/DC 转换器功能改进的方向之一是双向化。

现在使用的 DC/DC 转换器只是单向改变电压，目前也存在要求双向的需求。当动力蓄电池的电力不足时，便可将铅酸蓄电池的电力输入动力蓄电池，用于瞬时起动发动机，以备紧急之需，这也是确保冗余度的方法。图 10 – 4 所示为奔驰混合动力汽车 12 V 双向 DC/DC 转换器。由于 12 V 车载电气系统与高压车载电气系统之间会交换蓄电池能量，因此，在点火接通的情况下，可通过 12 V 跨接电缆对车辆进行跨接起动。换言之，如果蓄电池已经放电，则不需要单独的高电压充电器来起动车辆。

（2）DC/DC 转换器不断小型化、轻量化，效率不断提高。

为了减小空间占用，DC/DC 转换器的变压器种类及 DC/DC 转换器电路越来越小型化，开关技术的进步和控制的精确使效率也不断提高。

（3）DC/DC 转换器由单独散热器向与其他功率元件共用散热器方向发展。

为了减小散热器的数目，有些车型将一套或两套驱动电机的变频器（DC/AC）、升压 DC/DC 转换器（针对部分混合动力汽车）、降压 DC/DC 转换器等电力转换部件集成到一个散热器上。

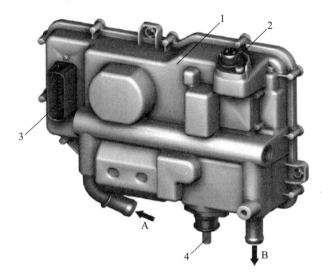

图 10-4　奔驰混合动力汽车 12 V 双向 DC/DC 转换器

1—DC/DC 转换器模块；2—高电压插头连接（高压蓄电池）；
3—DC/DC 转换器控制单元的 12 V 插头连接；4—电路 30 的螺纹连接；
A—冷却液进口；B—冷却液出口

在早期的轻型混合动力汽车中，散热器的布置采用分布式。如图 10-5 所示，电力电子模块 3 和 DC/DC 转换器模块 4 共用一个低温冷却系统，该系统与内燃机的冷却系统分开。该低温冷却系统可防止电力电子模块和 DC/DC 转换器模块出现过热损坏。电控单元通过来自低温回路温度传感器的电压信号记录电力电子冷却系统中的冷却液温度。发动机控制单元根据冷却液温度促动循环泵继电器 1，循环泵 1 打开。循环泵 2 通过循环泵继电器 2 打开。点火接通时，循环泵继电器 2 由电路 15（点火 15 号电）促动。

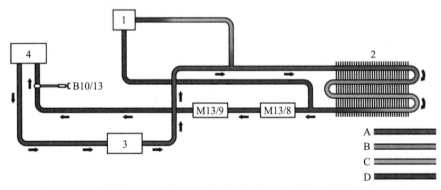

图 10-5　德国奔驰 400 轻混型混合动力汽车电力电子冷却回路的示意图

1—膨胀水箱；2—低温冷却器；3—电力电子模块；4—DC/DC 转换器模块；
B10/13—低温回路温度传感器；M13/8—循环泵 1；M13/9—循环泵 2；
A—对低温冷却器供给，冷却液温度非常高；B—冷却液温度较高；
C—冷却液温度适中；D—自低温冷却器回流，冷却液温度较低

冷却液流经 DC/DC 转换器模块和电力电子模块，并吸收这些部件的热能。之后，冷却液流经低温冷却器，由此处的气流进行冷却，然后流回循环泵 1 中。

10.3　单、双向 DC/DC 转换器工作原理

10.3.1　基本 BUCK 电路

实现降压的 DC/DC 变换器的主电路结构有很多，其中 BUCK 型 DC/DC 变换器以其结构简单、变换效率高的特点是首选的 DC/DC 变换电路拓扑结构之一。

DC/DC 转换器一般由控制芯片、电感线圈、二极管、三极管、电容器构成。基本 BUCK 型 DC/DC 电路如图 10-6 所示，U_{in} 为输入电压，U_o 是 BUCK 电路的输出电压，C_{in} 是输入电容，S 是主功率开关管，D 是主功率二极管，L 是储能电感。

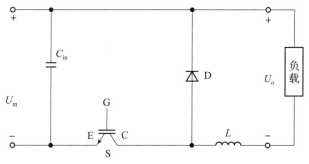

图 10-6　基本 BUCK 型 DC/DC 电路

基本 BUCK 电路的工作过程如下：当开关管 S 导通时，电流经负载、电感 L 流过 S 并线性增加，电能以磁能形式存储在电感线圈 L 中，同时给负载供电，电容 C、负载、L、S 构成回路，此时由于二极管 D 的阳极接负，D 处于截止状态，当 S 由导通转为截止时存储在电感中的能量释放出来，通过 D 续流维持向负载供电，L、D 和负载构成回路，若周期性地控制开关管 S 的导通与关闭，即可实现能量由 U_{in} 向 U_o 的降压传递，电路的输出电压 $U_o = \delta U_{in}$，δ 为开关管 S 的导通占空比。为达到上述降压传递，开关管 S 与二极管 D 必须轮流导通与关断，二者之间频繁地进行换流。

在 FCEV 上燃料电池只是由燃料产生电能，而不能储存电能，因此采用了单向 DC/DC 变换器。FCEV 采用的电源有各自的特性，燃料电池只提供直流电，电压和电流随输出电流的变化而变化。燃料电池不可能接受外电源的充电，电流的方向只是单向流动。FCEV 采用的辅助电源（蓄电池和超级电容器）在充电和放电时，也是以直流电的形式流动，但电流的方向是可逆性流动。

FCEV 上的各种电源的电压和电流受工况变化的影响呈不稳定状态。为了满足驱动电机对电压和电流的要求及对多电源电力系统的控制，在电源与驱动电机之间，用计算机控制实现对 FCEV 的多电源的综合控制，保证 FCEV 的正常运行。FCEV 的燃料电池需要装置单向 DC/DC 变换器，蓄电池和超级电容器需要装置双向 DC/DC 变换器。

10.3.2　全桥 DC/DC 变换器

燃料电池发动机输出的电压一般为 240～450 V，燃料电池的输出电压随着燃料电池输出电流的增大而减小。另外，由于燃料电池不能充电，因此，配置单向全桥 DC/DC 变换器，

将燃料电池的波动电流转换为稳定、可控的直流电源。全桥 DC/DC 变换器输入端用 4 个导通开关和 4 个整流二极管共同组成大功率的直流电转换器（IGBT），中部为高频变压器 Tr，输出端用 4 个整流二极管共同组成整流器。绝缘型全桥 DC/DC 变换器的原理如图 10-7 所示。

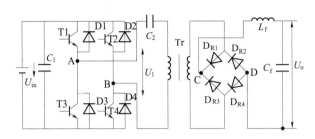

图 10-7　绝缘型全桥 DC/DC 变换器的原理

当导通开关 T1 先导通时，在延迟一定的 α 电位角后再导通开关 T4，而 T2 和 T3 被截止。T1 和 T4 轮流导通 180°电位角，此时电压 $U_1 = U_{in}$。然后转换为开关 T2 先导通，在延迟一定的电位角后，再导通开关 T3，而 T1 和 T4 被截止，T2 和 T3 轮流导通 180°电位角，此时电压 $U_1 = -U_{in}$。当控制 4 个开关管轮流导通时，将产生交变电压和电流，在 A、B 两个点上可以得到一个交流方波电压和电流。

在交流方波电压原边电路中串联一个电容 C_2，以防止变压器的磁偏心，然后将交流方波电压 U_1 输入到变压器 Tr 的原边中，变压器通过调节占空比来调节输出电压 U_o，控制和保持副边输出电压 U_o 的稳定。副边后面与一个四个开关管的整流器相连接，通过整流后在 C、D 两个点上可以得到一个直流电压。C、D 电路中加入由电感 L_f 和电容 C_f 组成的滤波器，将直流方波电压中的高频分量滤除，得到一个平直的直流电压。

只要改变导通时间，就可以调节输出电压 U_o 的值。选择智能控制的大功率全桥 DC/DC 变换器，可以有良好的自我保护能力和使用寿命。

DC/DC 转换器的输出外特性如图 10-8 所示，单向 DC/DC 转换器的控制框图如图 10-9 所示。根据 FCEV 的动力设计要求，确定 DC/DC 转换器输出电压的给定值。当燃料电池电流逐渐增大时，电压基本保持平稳，通过对输出电压的闭环控制，实现 DC/DC 转换器的恒压输出（图 10-8 中的 AB 段）。当燃料电池电流继续增大、电压快速下降时，通过对输出功率控制，实现 DC/DC 转换器的恒功率输出（图 10-8 中的 BC 段）。由于燃料电池的电压达到下限值要受到所反映的温度、压力和环境等的影响，图 10-8 中 BC 段的功率不能事先给定，而是用此时通过燃料电池的输出电压和电流来测定，并实时对 DC/DC 的输出功率进行调节，这是保证燃料电池不会发生过放电的关键措施。当 DC/DC 转换器达到最大输出电流时，电压迅速下降（图 10-8 中 CD 段）为恒电流段，其电流值决定 DC/DC 变换器的最大输出电流。

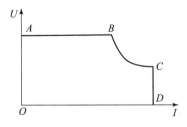

图 10-8　DC/DC 转换器的输出外特性

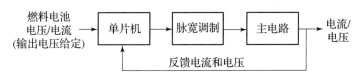

图 10-9 单向 DC/DC 转换器的控制框图

控制芯片控制功率半导体导通、截止。调制方式有 PFM（脉冲频率调制方式）和 PWM（脉冲宽度调制）两种方式。PFM 调制时开关脉冲宽度一定，通过改变脉冲输出的时间，使输出电压达到稳定。PWM（脉冲宽度调制）方式开关脉冲的频率一定，通过改变脉冲输出宽度，使输出电压达到稳定。通常情况下，采用 PFM 和 PWM 这两种不同调制方式的 DC/DC 转换器的性能不同点如表 10-2 所示。

表 10-2 两种不同调制方式的 DC/DC 转换器的性能不同点

项目	PFM	PWM
电路规模（IC 内部）	简单	复杂
消耗电流	较少	较多
纹波电压	较大	较小
瞬态响应	较差（反应较慢）	较好（反应较快）

PWM 调制方式。在选用较低频率的情况下，小负载时效率较高，输出电压的纹波较大。在选用较高频率的情况下，小负载时效率很低，输出电压的纹波较小。因此，在小负载或待机时间较长的情况下，选用低的频率，转换电路的效率较高，但若考虑输出电压的纹波问题，选用高的频率，纹波电压会较小。DC/DC 转换器通过开关动作进行升压或降压，特别是晶体管或场效应管处于快速开关时，会产生尖峰噪声以及电磁干扰。

10.3.3 双向 DC/DC 转换器

在以蓄电池和超级电容器组成的混合电源上，一般蓄电池以稳态充、放电的形式工作，而超级电容器在电动汽车起动时，能够以大电流的放电形式工作，在接受外电源或制动反馈的电能时又能以大电流的充电形式工作。蓄电池和超级电容器的电流为双向流动，因此，在蓄电池和超级电容器与电力总线之间装置双向、升降压（Buck-Boost）型 DC/DC 转换器，双向控制和调配所输入和输出的电流。升降压双向 DC/DC 转换器电路如图 10-10 所示。

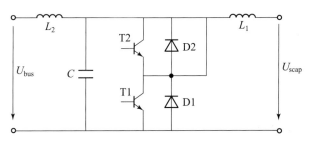

图 10-10 升降压双向 DC/DC 转换器电路

在升压、降压双向 DC/DC 转换器的输入端用两个导通开关和两个开关内部的体内续流二极管，分别组成两个大功率的直流电转换器（IGBT），在输入端装有电感器 L_2 和电容器 C，在输出端装有电感器 L_1。双向 DC/DC 转换器处于充电工况时，导通开关 T1 切断，导通开关 T2 导通，充电机或制动反馈的电流经由动力总线向蓄电池或超级电容器中充电。在通过电感 L_1 时，部分电流暂时存留在电感 L_1 中，当导通开关 T2 断开后，电感 L_1 中存留的电流通过整流二极管 D2 转存在电容器 C 中。双向 DC/DC 转换器在对超级电容器充电时处于降压（Buck）状态。在超级电容器电路上装置电感 L_1 还可以减小进入超级电容器线路的电流脉冲。

双向 DC/DC 转换器处于放电工况时，导通开关 T1 导通，导通开关 T2 切断。蓄电池或超级电容器放电，电容器 C 中储存的电荷也同时放电，电流方向是由超级电容器向动力总线方向流动，DC/DC 转换器对外放电处于升压（Boost）状态。在总线电路上装置电感 L_2 可以减小进入总线的电流脉冲。

10.3.4 轿车用 DC/DC 转换器

1. 丰田普锐斯 DC/DC 转换器原理

1）增压和降压双向 DC/DC 转换器

如图 10-11 所示，为提高驱动电机的工作效率，在变频器内部设计有双向 DC/DC 转换器。在第二代汽车中，增压转换器将 HV 蓄电池输出的额定电压 DC 201.6 V 增压到 DC 500 V 的最高电压（第三代增压转换器将 HV 蓄电池输出的额定电压 DC 201.6 V 增压到 DC 650 V 的最高电压）。另外，MG1 或 MG2 作为发电机工作时，变频器通过其将交流电（201.6～500 V）转换为直流电存储在电容内，然后增压转换器将其降低到 DC 201.6 V 为 HV 蓄电池充电。

双向 DC/DC 转换器采用两个集成的智能功率模块（IPM），智能功率模块内置 IGBT 完成电力电子部分的换流，上桥 IPM 用于降压，下桥 IPM 用于升压，而电感线圈（图 10-11 中写为反应器）在升压控制中起存储能量的作用，在降压控制中起分压作用。

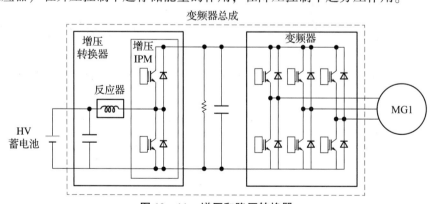

图 10-11 增压和降压转换器

2）降压 DC/DC 转换器

降压 DC/DC 转换器原理如图 10-12 所示，车辆的发动机、底盘、电气和电力电子驱动系统的电控系统以及无电控电路需要由 DC 12 V 的供电系统供电。

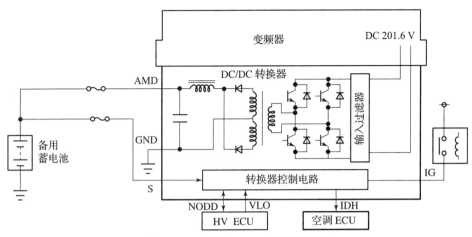

图 10–12 降压 DC/DC 转换器原理

由于第二代混合动力普锐斯发电机输出额定电压为 DC 201.6 V，因此，需要转换器将这个电压降低到 DC 12 V 来为铅酸蓄电池（图中称为辅助蓄电池）充电。

为了与变频器能共用散热器，这个降压 DC/DC 转换器安装于变频器的内部。

图 10–12 降压 DCDC 转换器原理

第 11 章
电动汽车空调系统

> **学习目标**
>
> 简要说出电动汽车制冷方法。
> 简要说出电动汽车制热方法。

11.1 电动汽车空调的作用和特点

11.1.1 电动汽车空调的作用

汽车空调的功能是把车厢内的温度、湿度、空气清洁度及空气流动性保持在使人感觉舒适的状态。在各种气候环境条件下，电动汽车车厢内应保持如传统汽车的舒适状态，以提供舒适的驾驶和乘坐环境。因此一套节能高效的空调系统对电动汽车开拓市场也起到至关重要的作用。

11.1.2 电动汽车空调的优、缺点

电动汽车空调是房间空调的延续，但与房间空调相比较，电动汽车空调又有着许多特殊的要求和特点：汽车车身隔热层薄，而且门窗多，玻璃面积大，隔热性能差，致使车内漏热严重，即热湿负荷大；车内设施高低不平且有座椅，气流分配组织困难，难以做到气流分布均匀；车辆行驶时电动汽车空调要承受剧烈而频繁的振动与冲击。这就要求电动汽车空调的零部件应有足够的强度和抗振能力，接头牢固并防漏。

1. 优点

（1）变频空调更节能。

电动压缩机采用变频控制，电机转速根据驾驶员设定的车内温度和实际温度的温差确定。当温差大时变频压缩机高转速运行，当温差小时电机低转速运行或不运行，这就避免了传统汽车发动机一直带动压缩机运转的能量消耗，实现节能。

（2）噪声更小。

电动压缩机本身的噪声就小，加之电动压缩机能自动变频调速实现低转速运行，噪声就更小。

2. 缺点

在纯电动汽车上，由于对电池制冷和制热的需要，使空调系统的制冷和制热除了车内空间外，还要实现电池箱内部的制冷和制热，因而在空调的制冷和制热管路上分别增加了电磁阀和热交换器来实现制冷和制热的控制，从而增加了成本。

11.2 电动汽车空调制冷方式

11.2.1 制冷系统的组成

如图 11-1 所示，制冷系统主要由纯电动或混合动力汽车的压缩机、冷凝器、储液干燥器、膨胀阀（节流阀）、蒸发器和控制电路等组成。

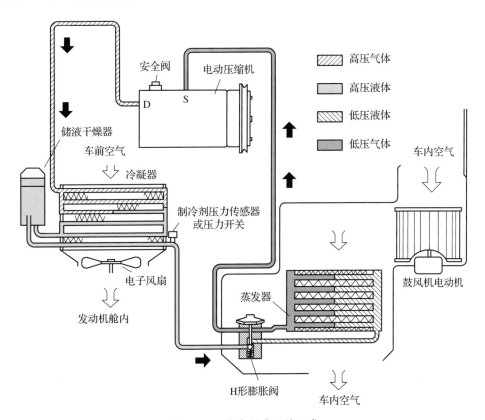

图 11-1 汽车制冷系统组成

1) 低压管路

从节流阀出口至压缩机入口 (S)，沿程有蒸发器。低压加注口（图 11-1 中未画出）位于低压管路上。

2) 高压管路

从压缩机出口 (D) 至节流阀入口，沿程有压缩机、冷凝器、干燥器、压力开关、节流阀。

客车多采用变频器控制高压三相电机驱动压缩机，为了能直接利用原来的带驱动结构，采用一个单独的变频器来驱动电机，电机再通过皮带传动方式驱动压缩机。

轿车采用整体式电动压缩机，整体式电动压缩机内置有变频器、电机和涡旋式压缩机，采用高压锂离子电池几百伏电压驱动。

11.2.2 制冷系统部件功能

压缩机把低温、低压的气态制冷剂吸入压缩成高温、高压液态制冷剂，以跟外界空气形成温差。冷凝器经过冷凝器专用风扇或发动机散热器风扇把高温、高压制冷剂的热量散至周围空气，制冷剂降温；储液干燥器用来除去制冷剂中的水分；高压加注口用于加制冷剂或对管路抽真空用；压力开关中，高压开关保护管路，低压开关保护压缩机；节流阀（膨胀阀）即一个可变或固定截面小孔，把高压制冷剂节流雾化，经蒸发器吸收车内空气热量；在鼓风机的作用下，蒸发器吸收车内热量，变成低温、低压的气态；积累器用来储存制冷剂，防止从蒸发器出来的不是气态而液态压缩机，一般不设计；低压加注口用于加制冷剂或对管路抽真空用。

11.2.3 典型的电动汽车空调系统功能

1. 汽车制冷过程

如图 11-2 所示，箭头表示汽车制冷过程：电动涡轮式压缩机工作将制冷剂压缩成高温气态，经冷凝器冷却成高温液态制冷剂，经驾驶室制冷电磁阀后，再经 H 形膨胀阀减压成低温气体进入蒸发器，车内空气经鼓风机吹入到蒸发器，空气将热量传给低温的蒸发器，空气温度降低。

2. 电池箱制冷过程

如图 11-3 所示，箭头表示电池箱制冷过程：电动涡轮式压缩机工作将制冷剂压缩成高温气态，经冷凝器冷却成高温液态制冷剂，经电池制冷电磁阀后，再经电池 H 形膨胀阀减压成低温气体进入电池箱用蒸发器，电池箱外部热交换器通过冷却液与电池箱用蒸发器热交换后温度降低，经电池箱循环泵将降温的冷却液运输到电池箱内的热交换器。

3. 电池制热过程

如图 11-4 所示，箭头表示电池制热过程：PTC 加热器加热冷却液给电池热交换器供给热量，热量经电池箱外部的热交换器传递给电池箱的冷却液，经电机带动的泵将热量引至电池箱内的热交换器，再把热量传给电池。

4. 驾驶室制热过程

如图 11-5 所示，箭头表示驾驶室制热过程：PTC 加热器加热冷却液，冷却液流经暖风水箱，暖风水箱向车内提供热量。

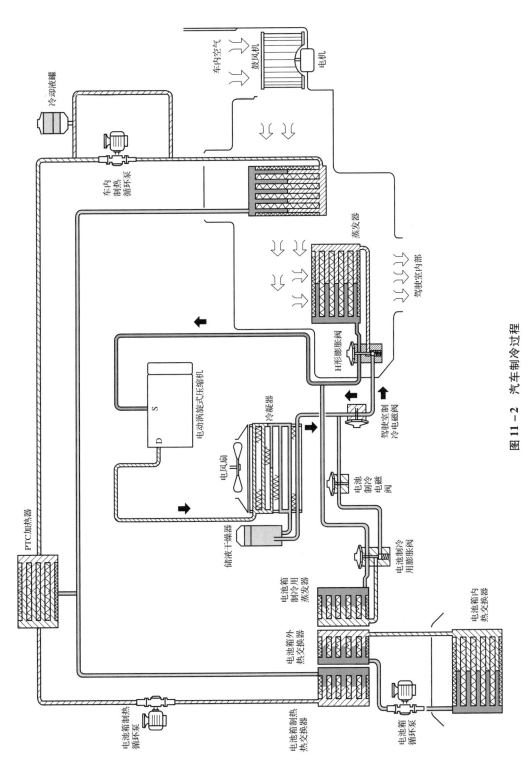

图 11-2 汽车制冷过程

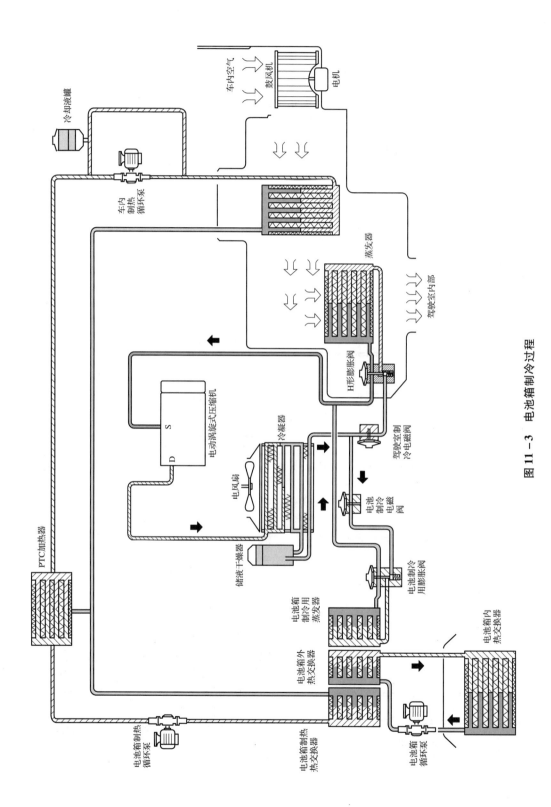

图 11-3 电池箱制冷过程

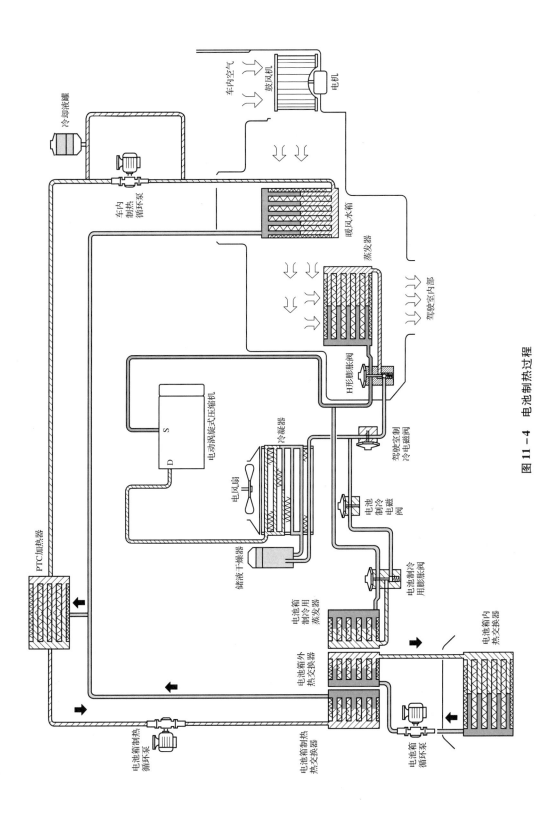

图 11-4 电池制热过程

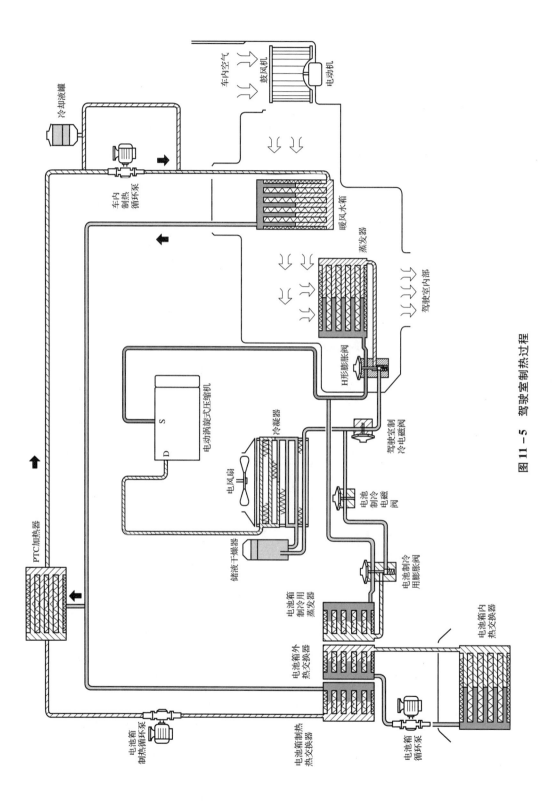

图 11-5 驾驶室制热过程

11.3 温差电制冷

11.3.1 温差电制冷概述

半导体制冷又称电子制冷或温差电制冷,是从 20 世纪 50 年代发展起来的一门介于制冷技术和半导体技术之间的学科,目前还没有汽车采用此种方法作制热和制冷系统。

11.3.2 温差电制冷的原理

温差电制冷的基本器件是热电偶对,即把一只 N 型半导体和一只 P 型半导体连接成热电偶,通上直流电后,在两种半导体的交界处就会产生温差和热量的转移。在电路上串联起若干对半导体热电偶对,而传热方面是并联的,这样就构成了一个常见的制冷热电堆(见图 11-6),借助于热交换器等各种传热手段,热电堆的热端不断散热并且保持一定的温度,而把热电堆的冷端放到工作环境中去吸热降温,这就是半导体制冷的原理。

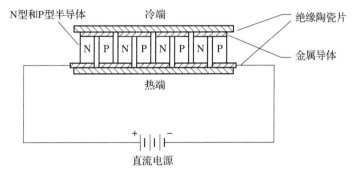

图 11-6 温差电制冷的基本器件

11.3.3 温差电制冷的特点

(1) 既能制冷,又能加热。

半导体既能制冷,又能加热。制冷效率一般不高,制冷性能不够理想,但制热效率很高。

(2) 易实现高精度的温度控制。

半导体制冷片是电流换能型元件,通过输入电流的控制,可实现高精度的温度控制。

(3) 热惯性非常小。

半导体制冷片热惯性非常小,制冷制热时间很快,在热端散热良好、冷端空载的情况下,通电不到 1 min 制冷片就能达到最大温差。

(4) 功率范围大。

半导体制冷片的单个制冷元件功率很小,需要组合成电堆,制冷片通过串联和并联的方法组合成制冷电堆来增大功率,电堆制冷功率可以做到几毫瓦到上万瓦的范围。

(5) 温度工作范围宽。

半导体制冷片的温差范围,从正温 90 ℃到负温度 -130 ℃都可以实现。

此外还有不需要任何制冷剂,可连续工作,没有污染源,没有旋转部件,不会产生回转效应,没有滑动部件,工作时没有振动、噪声,寿命长,安装容易等特点。

11.4 热泵式空调

11.4.1 热泵式空调的组成

如图11-7所示,热泵式空调由电动压缩机、两个热交换器(蒸发器和冷凝器)、一个两位四通电磁换向阀和一个电磁导向阀组成。压缩机由汽车上的电机直接驱动,一般采用全封闭电动涡旋压缩机,是由一个直流无刷电机驱动,具有噪声低、振动小、结构紧凑、质量轻等优点。电磁导向阀控制两位四通阀实现制冷剂在两个热交换器中正、反向循环,两个热交换器在正、反向循环的过程中因作用不同名称不同,即热交换为蒸发器,同时也是冷凝器。

11.4.2 热泵式空调的工作原理

在图11-7中,电磁导向阀为两位三通阀,两位表示阀芯的可能位置有两个;三通表示阀控制的输入和输出通道共有3个,中间E通道可与左侧C通道或右侧D通道相通。

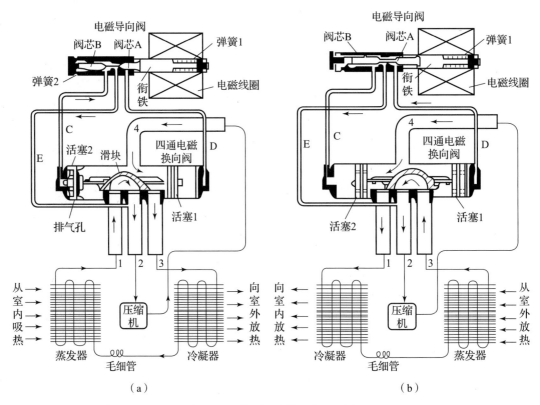

图11-7 热泵式空调工作原理图
(a) 制冷;(b) 制热

1. 制冷过程

当热泵型空调器运行于制冷工况，电磁导向阀断电时，阀芯在弹簧 1 力的作用下左移到 B 端，活塞 2 左侧的气体经 C 通道到 E 通道被吸入压缩机，四通换向阀左移。

四通阀换向接通如图 11-7（a）所示，这时车内（图中室内）热交换器成为蒸发器，而车外（图中室外）热交换器成为冷凝器。从室内热交换器来的低温低压过热气经四通阀和消声器进入气液分离器，分离出液体后，干过热气被压缩机吸入压缩成为高温高压的气体排出，气体经四通阀进入室外热交换器放热冷凝，成为过冷液体。过冷液体经毛细管阻力降压后成为低温低压两相流体，进入室内热交换器蒸发吸热（此时室内空气被降温），再一次经四通阀 2 号通道和气液分离器（气液分离器有的位于压缩机进口处，当管路较长时可以没有）进入压缩机，完成下一循环。

2. 制热过程

当热泵型空调机运行于制热工况，电磁导向阀通电时，阀芯在电磁力的作用下右移到 A 端，活塞 1 右侧的气体经 D 通道到 E 通道被吸入压缩机，四通换向阀右移。四通阀换向接通如图 11-7（b）所示，这时车内热交换器成为冷凝器，车外热交换器成为蒸发器。从车外热交换器来的低温低压过热气经四通阀和消声器进入气液分离器，分离出液体后，干过热气被压缩机吸入压缩成为高温高压的气体排出，气体经四通阀进入车内热交换器放热冷凝（此时，车内空气被加热）成为过冷液，过冷液体制冷剂经毛细管阻力降压后成为低温低压气液两相流体，进入车外热交换器蒸发吸热，随后过热气经四通阀和气液分离器进入下一循环。

为防止制热时因除霜导致室内舒适性下降，采用了热气旁通不间断制热除霜方式。除霜时，运行原理基本与制热相同，只是将融霜电磁阀打开。从压缩机出来的高温高压的过热气有一部分被分流到室外热交换器的入口，迅速把室外热交换器的温度提高到 0 ℃ 以上，融掉室外热交换器上的霜层，使热交换器保持良好的换热效率。

为防止制热时，因车室外部热交换器（蒸发器）结霜导致制热下降，甚至停止，采用了热气旁通不间断加热热交换器。运行原理是将融霜电磁阀打开，让从压缩机出来的高温高压的过热气体有一部分被分流到室外热交换器的入口，迅速把室外热交换器的温度提高到 0 ℃ 以上，融掉室外热交换器上的霜层，使热交换器保持良好的换热效率。

11.4.3　热泵式空调的特点

热泵式空调技术最大的优点是制冷、制热效率高。在测试条件为环境温度 40 ℃，车内温度 27 ℃，相对湿度 50% 的工况下，系统稳定时，它能以 1 kW 的能耗获得 2.9 kW 的制冷量；当环境温度为 -10 ℃，车内温度 25 ℃，以 1 kW 的能耗可以获得 2.3 kW 的制热量。在 -10 ~ 40 ℃ 的环境温度下，均能以较高的效率为电动汽车提供舒适的驾乘环境。若能在零部件技术上得到改进，相应效率还可以得到提高。

其缺点是制热效率高也是有环境温度范围的，在环境气温低的情况下，制热性能也不得不下降或停止，无法满足在低温地区制热的要求。

【技师指导】　一般环境气温低于 -7 ℃ 时的情况下，仍需起动 PTC 加热进行辅助加热才能满足驾驶室的需要。

11.4.4 风量控制

蒸发器的鼓风机风量与车室内温度、设定温度、环境温度、太阳辐射强度、蒸发器出风口温度之间的关系是非线性的,鼓风机风量的计算公式为

$$风量 = T_{ambient} + mT_{set} + nT_{in} + aT_{out} - T_{solar} - K$$

式中,$T_{ambient}$、T_{set}、T_{in}、T_{out}、T_{solar} 分别为环境温度、设定温度、车室内温度、蒸发器出风温度、太阳辐射强度;m、n、a、K 为常数。

传感器的输入确定,风量确定时,对应鼓风机转速通过风量查表的方法来确定。

11.5 空调加热方式

11.5.1 驻车加热器

纯电动汽车由于无法利用发动机余热制热,用电制热的方式在电池容量不高,而电池价格居高不下时极不经济,国内一部分电动客车采用传统燃油车使用的驻车加热器作为加热源(图 11 -8),虽然有仍用燃油作为燃料的不足,但却能促进电动汽车的进一步快速市场化。

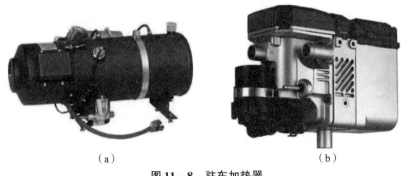

图 11 -8 驻车加热器
(a) 气暖式;(b) 水暖式

1. 气暖式驻车加热器

气暖式驻车加热器用两个管子与驾驶室相连,从而与驾驶室内的空气形成一个循环。

气暖驻车加热器的原理是电动燃油泵将油箱的柴油泵入加热器的燃烧室,汽油在燃烧室燃烧,所产生的热量加热燃烧室外部气套中的空气,在风机的驱动下,热空气流入驾驶室,从驾驶室回流的冷空气进入到加热器气套的入口,形成完整的循环。

2. 水暖式驻车加热器

水暖式驻车加热器是驻车加热器与仪表台下的原车散热器串联安装。

水暖式驻车加热器的工作原理:遥控器或定时器向 ECU 发送加热的起动信号,计量油泵从油箱泵油并以脉冲形式将燃油打到燃烧室前的金属毡上,笔状点火器加热到 900 ℃ 左右,将喷溅的细小油滴汽化,空气由燃烧空气鼓风机吸入,与汽油混合后并点燃,火焰将热能传递给发动机冷却液,电动循环水泵推动冷却水循环进入蒸发器内散热器,鼓风机吸入使

车内冷空气通过散热器，把变热的空气吹入车内。

11.5.2 PTC加热器

若电动汽车采用加热器的电制热方式时，加热器一般配置在驾驶席和副驾驶席之间的地板下方。加热器由可用电发热的正温度系数（Positive Temperature Coefficient，PTC）加热器元件，将加热器元件的热量传送至冷却水的散热扇。因要求加热器要有较高的制暖性，因此，电源使用的是驱动马达的锂离子充电电池的高压，而非辅助电池（12 V）。如果是纯电动汽车（EV）专用产品，也可以不使用冷却液，直接用鼓风机吹送经PTC加热器加热的暖风。

【技师指导】 工程上1 mm²纯铜线通常可通过5 A电流，若3.6 kW加热器12 V则需要供电线为60 mm²，可以说这样的线又粗又硬，无法在车上使用。

PTC加热元件具备良好的制暖性能。PTC加热单元使用动力电池电压，加热器机身内部有板状加热器元件。通过在元件两侧通入散热剂（冷却液）提高散热性。PTC元件的电阻具有随温度升高而增大的特点，这种特点使得低温时PTC元件电阻低，通过的电流大，通电产生的热量高。随着温度升高，PTC电阻逐渐增大，电流减小，发热量随之降低，因此有自动防止过电流的作用。

混合动力汽车仍要沿用燃油车的制热系统的组成。混合动力汽车发动机的制热系统由发动机、冷却液、加热芯和送风的鼓风机马达组成。散热剂（冷却液）吸收发动机的热量温度升高并在加热芯中内部流过，车内冷空气从加热芯外部流过为车内制热。

PTC加热元件与PTC加热器的ECU（电子控制单元）通常集成在一起，作为自动空调系统的一个LIN从执行器。

汽车厂商会努力为电动汽车配备多个加热器元件，以使其制热能力提高到与发动机车相当。但是，为了尽量把电池容量留给行驶，汽车厂商在设计时，对制热功率输出做了一定的限制。

【说明】 PTC加热式制热方法是目前在轿车和部分客车上采用最多的方法。

11.6 涡旋压缩机

11.6.1 汽车空调压缩机分类

汽车空调压缩机大致分为普通压缩机、混合驱动式压缩机和纯电驱动压缩机三类。

1. 普通压缩机

普通压缩机是传统燃油汽车广泛采用的压缩机驱动类型。

2. 混合驱动式压缩机

极少数弱混汽车采用以发动机为主体、电机为辅的混合驱动方式，这种方式采用的是皮带传动和电机驱动兼顾的混合式压缩机。

3. 纯电驱动压缩机

在一部分客车上，采用一个变频电机驱动活塞式压缩机；对于弱混、强混和纯电动车辆多采用纯电动驱动的压缩机。

早期的纯电驱动压缩机为电机和涡旋泵二合一电动压缩机,变频器在压缩机外部。现在多为变频器、电机和涡旋泵三合一电动压缩机。

11.6.2 涡旋压缩机的结构

1. 电动涡旋压缩机组成

车用电动涡旋泵式电动压缩机通常采用电机和涡旋泵两者集成一体或电机、变频器、涡旋泵三者集成一体。

如图11-9所示,电机和涡旋泵两者集成一体式压缩机,涡旋泵包括固定蜗形叶片和可晃动蜗形叶片组成。电机采用无刷电机,电机轴驱动可晃动蜗形叶片在固定蜗形叶片内晃动。

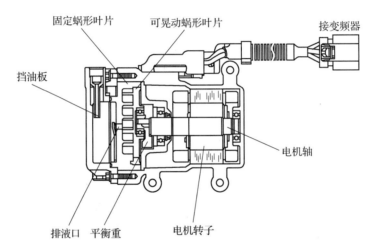

图11-9 电动变频压缩机内部结构

压缩机内置的油挡板可降低机油的循环率,从而可以提高进气效率。油挡板仅可阻碍制冷循环过程中压缩机油的循环,却不阻碍气态制冷剂循环,由于管路循环中机油量减少,气态制冷剂运输能力得以提高。

2. 涡旋压缩机工作原理

固定蜗形叶片安装在壳体上,电机轴的旋转可引可晃动蜗形叶片在定子叶片内晃动,这时,由这对蜗形叶片隔开的空间大小发生变化,实现制冷气的吸入、压缩和排出等功能。

图11-10所示为电动涡旋式压缩机叶片。

11.6.3 涡旋压缩机电机控制

电动变频压缩机转速由自动空调ECU根据传感器的输入进行计算,并经CAN总线或LIN总线发送到电动压缩机变频器,电动压缩机变频器将高压直流电转换成三相交流电供给电动压缩机电机。

电动压缩机采用高压供电,如果压缩机定子线圈出现开路或短路,压缩机的变频器可实现自诊断,报出故障。

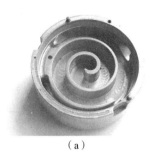 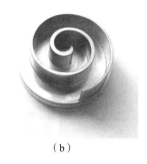

(a) (b)

图 11-10 电动涡旋式压缩机叶片

(a) 固定蜗形叶片；(b) 可晃动蜗形叶片

若出现定子线圈对壳体短路的漏电情况时，电池箱中的电池管理系统（BMS）检测到高压绝缘下降，将控制高压配电箱中的继电器断电，并点亮仪表绝缘报警灯。

11.6.4 涡旋压缩机机油

为了保证压缩机和压缩机壳内部高压部分的绝缘，采用具有高绝缘品质的压缩机冷冻机油（例如丰田汽车采用 ND11，矿物油含量 90%～100%，其他添加剂为 0～10%）。因此，绝对不能使用不同厂家的压缩机机油。

第 12 章

电动汽车制动系统

> **学习目标**
>
> 简要说出电动汽车的混合制动是什么；
> 简要说出线控制动液压单元工作过程；
> 简要说出线控系统增加的元件有哪些。

12.1 电动汽车制动系统概述

12.1.1 再生制动

1. 再生制动的功能

再生制动是电动汽车所独有的，在减速制动（踩制动踏板或者下坡）时将车辆的部分动能转化为电能，转化的电能储存在储存装置中，如各种蓄电池、超级电容和超高速飞轮，最终增加电动汽车的行驶里程。如果储能器已经被完全充满，再生制动就不能实现，所需的制动力就只能由常规的液压制动系统来提供。现在几乎所有的电动汽车都安装了再生制动系统，从而可实现节约制动动能、回收部分制动动能，并为驾驶员提供常规制动性能。

2. 再生制动的工作过程

一般而言，当电动汽车减速、在公路上放松加速踏板巡航或踩下制动踏板停车时，再生制动系统起动。正常减速时，再生制动的力矩通常保持在最大负荷状态；电动汽车高速巡航时，其驱动电机一般是在恒功率状态下运行，驱动力矩与驱动电机的转速或者车辆速度成反比。因此，恒功率下驱动电机的转速越高，再生制动的能力就越低。另一方面，当踩下制动踏板时，驱动电机通常运行在低速状态。由于在低速时，电动汽车的动能不足以为驱动电机提供能量来产生最大的制动力矩，因而再生制动能力也就会随着车速降低而减小。

3. 混合制动比例分析

如图 12-1 所示，电动汽车的再生制动力矩通常不能像传统燃油车中的制动系统一样提供足够的制动减速度，所以，在电动汽车中，再生制动和液压制动系统通常共同存在，称为混合制动。为了尽可能多地回收能量，设计上只有当再生制动已经达到了最大制动能力而且还不能满足制动要求时，液压制动才起作用。

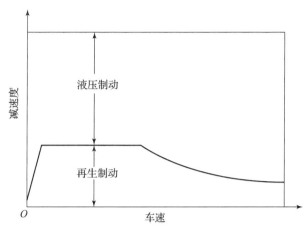

图 12 - 1 混合制动比例与减速度和车速的关系

再生制动与液压制动之间的协调是制动问题的关键所在,而且,应该考虑如下特殊要求:

为了使驾驶员在制动时有一种平顺感,液压制动力矩应该可以根据再生制动力矩的变化进行控制,最终使驾驶员获得所希望的总力矩。同时,液压制动的控制不应引起制动踏板的冲击,因而不会给驾驶员一种不正常的感觉。

利用 ABS 扩展的 ESP 功能实现电动泵的油压提高,要求 ABS 的 ESP 模块与整车控制系统要进行通信,可以把再生制动软件写在 ABS 模块驱动油泵、控制摩擦制动和控制制动助力的真空源。ABS 与整车控制器通信控制再生制动的强度即可。液压制动力矩是电控的,将产生的液压传到制动轮缸上。因而再生 - 液压制动系统需要防止制动失效的机构,为了提高系统的可靠性,满足安全标准,系统一般采用双管路制动,当其中一条管路失效时,另一条管路必须能提供足够的制动力。

12.1.2 减速度法能量回收

汽车减速度大说明驾驶员施加的制动力大,制动时是以制动减速度为目标控制,所以也根据汽车减速度进行能量回收控制。例如某后轴驱动客车利用减速度限值再生制动方法:

1. 减速度小于 0.15g

这时不会出现抱死的情况,后轴进行再生制动能量回收,仅后轴有制动,为纯再生制动工况。

2. 减速度介于 0.15 ~ 0.4g 时

后轴进行制动能量回收,同时利用 ABS 的回油泵加大前轴的液压制动力,能实现制动比例的分配合理。

3. 减速度介于 0.4 ~ 0.7g 时

利用 ABS 的回油泵进一步增加前轴的液压制动力,同时减小后轴的制动能量回收。

4. 减速度大于 0.7g 时

这种情况很少出现,后轴的制动能量回收电流过大,电池不能吸收,同时电机会剧烈振动,所以取消再生制动,完全采用摩擦制动。

在整个再生制动过程中,车辆的动能不可能完全转换为储能器的充电电能。再生制动所损失的能量包括空气阻力损失、滚动阻力损失、制动系统损失、电机损失、转换损失及充电损失等。尽管如此,现代电动汽车采用再生制动后能节省将近20%的能量。

12.1.3 制动力矩分配

电动汽车上的总制动力矩是再生制动力矩与液压制动力矩之和。再生制动力矩与液压制动力矩之间的分配比例及前后轮之间分配的关系如图12-2所示,目的是保持最大再生制动力矩的同时为驾驶员提供与燃油车相同的制动感。

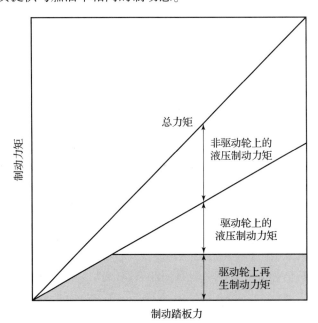

图12-2 再生制动力矩与液压制动力矩的分配

当制动踏板力较小时,只有再生制动力矩施加在驱动轮上,并且与制动踏板力成正比。而非驱动轮上的制动力由液压制动提供,液压制动力也与制动踏板力成正比。当制动踏板力超过一定值时,最大再生制动力矩全部加在驱动轮上,同时液压制动力矩也作用在驱动轮上以获得所需的制动力矩。因而最大再生制动力矩可以保持不变,以便能完全回收车辆的动能。

制动系统因制动造成的管路压力(或制动踏板踏下深度越深)越高,说明经驾驶员判断需要的总制动力矩越大,非驱动轮的制动力矩一直在增加。驱动轮的制动力矩和也在增加但摩擦力矩增加的多,再生制动扭矩不增加,甚至要有减小,这就要求再生制动和ABS系统要协同工作。

两前轮独立、后轮低选的刹车系统,制动压力传感器(液压传感器)监测制动系统管路的制动压力(液压或气压),有ABS的汽车采用车速和压力传感器(也可是制动踏板行程开关)采集制动状态信号,根据车速算出的减速度值与设定的减速度值比较进行控制。

12.1.4 定量制动的液压制动单元

驾驶员踩下制动踏板后,将制动液压力制动行程模拟器结合制动踏板上的制动踏板位置传感器生成总的制动力,制动控制单元对总的制动力进行分配确定电机能量回收实现的制动力矩和液压摩擦力矩分别是多少。

为了实现液压制动的定量制动,液压制动系统结构应能定量制动,其结构如图 12-3 所示。电动泵使制动液增压产生所需的制动力,并由每个车轮上的轮缸压力传感器进行液压压力监测,只要合理控制轮缸的压力就能实现精准的制动力矩控制。

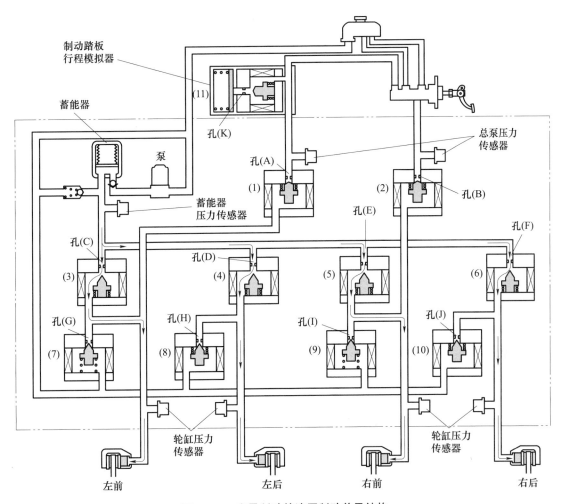

图 12-3 定量制动的液压制动单元结构

12.2 电动真空泵

在国内,纯电动汽车和一部分混合动力汽车采用带有真空助力器的制动系统,因此本节简单介绍该制动系统。

12.2.1 真空度

如图 12-4（a）所示，真空表的指针是反转型。在空气中表的指针指在最右侧 0 位。只有当气压低于一个大气压时才会出现真空度，这时指针反转，反转为负值。压力表以一个大气压为基准 0，显示的是大于一个大气压的压力值，如图 12-4（b）所示。压力真空表以一个大气压为基准 0，指针两侧都有压力指示，顺时针为压力表，反时针为真空表，真空刻度显示精度较差，如图 12-4（c）所示。

计算结果表明，对于汽车上的真空助力器而言，当最小真空度为 -37.5 kPa（-0.037 5 MPa）以上时（即表针向左摆的越多助力效果越好），才可为制动系统提供满足设计要求的制动助力。

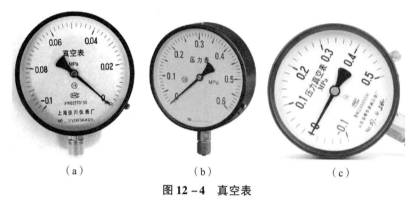

图 12-4 真空表
(a) 真空表（指针左转）；(b) 压力表（指针右转）；(c) 压力真空表（指针可左、右转）

真空助力器安装于制动踏板和制动主缸之间，由踏板通过推杆直接操纵。助力器与踏板产生的力叠加在一起作用在制动主缸推杆上，以提高制动主缸的输出压力。真空助力器由带有橡胶膜片的活塞分为前室与后室。未制动时，发动机进气歧管将真空助力器的前室和后室抽成真空度为 -60~80 kPa。制动时，后室在制动时大气阀打开，外界大气进入后室产生制动。当抬起制动踏板时，后室气体进入前室，消耗了真空，使真空度减小，助力效果下降，所以电动汽车必须有一个类似于发动机进气歧管的抽气机。

真空助力器所能提供助力的大小取决于真空助力器后室与前室气压差值的大小。当后室的真空度达到外界大气压时，真空助力器可以提供最大的制动助力。真空泵所产生的真空度的大小及速度关系到真空助力器的工作状态，真空泵的容量大小关系到助力器的性能，进而影响到制动系统在各种工况下能否正常工作。

12.2.2 真空源

传统内燃机轿车制动系统的真空助力装置的真空源来自发动机的进气歧管，真空度负压一般可达到 -50~-70 kPa。对于由传统车型改装成的纯电动车或燃料电池汽车，发动机总成被拆除后，制动系统由于没有真空源而丧失真空助力功能，为了产生足够的真空，除了一个具有足够排气量的电动真空泵外，为了节能和可靠，还要为电动真空泵电机设计合适的工作时间。一般燃油车进气歧管会在 4~5 s 使真空助力器前后腔内产生 -50 kPa 以上的真空度，所以在设计电动真空泵时，电动真空泵也需在 4~5 s 使真空助力器前后腔

内产生 -50 kPa 以上的真空度。

图 12-5 所示为电动汽车真空泵电路组成。工作原理：一般当驾驶员踩下 1~2 次制动踏板，真空度即低于限值 -30 kPa，真空度传感器 1 检测到后把电信号传给制动控制单元（ABS）2，也可以是电动汽车控制单元（ECU），真空泵电机继电器 3 工作，接通电动真空泵 4，电动真空泵 4 工作将真空助力器 6 左腔气体抽出经单向阀 5 到真空泵 4，从排气口 7 排出。当真空度传感器 1 检测真空度高于限值 -70 kPa 时，停止真空泵继电器 3 工作。

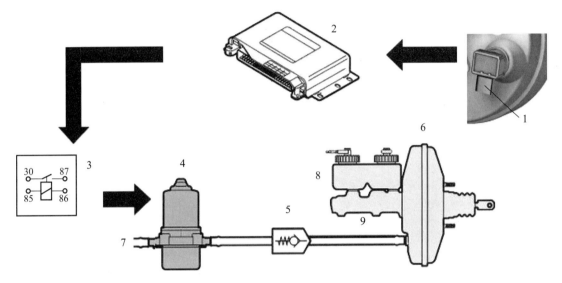

图 12-5　电动汽车电动真空泵电路组成

1—真空度传感器；2—制动控制单元（ABS）；3—真空泵电机继电器；4—电动真空泵；5—单向阀；
6—真空助力器；7—排气口；8—储液罐；9—双腔串联制动主缸

12.2.3　压力延时开关

压力延时开关也称压力开关，为常闭开关，当真空度大到一定值时断开，电动真空助力制动系统控制如下：

（1）接通汽车 12 V 电源，由于事先压力延时开关闭合，真空泵大约工作 30 s 后开关断开，此时真空罐内压力大约为 -80 kPa；

（2）当真空罐内压力增加到 -55 kPa 时，压力延时开关再次闭合；

（3）当真空罐内压力增加到约 -34 kPa 时，压力报警器发出信号。

如果真空泵控制开关有很明显的短时间开启和关闭，说明发生了泄漏。根据这个控制策略设计的间歇性真空发生系统，该间歇性真空发生系统的基本工作原理为：当驾驶员发动汽车时，12 V 电源接通，压力开关和压力报警器开始压力自检，如果真空罐内的真空度小于 55 kPa，压力膜片将会挤压触点，从而接通电源，真空泵开始工作；当真空度增加到 55 kPa 时，压力延时开关断开，然后通过延时继电器使真空泵继续工作大约 30 s 后停止；每次驾驶员有制动动作时，压力延时开关都会自检，从而判断电动真空泵是否应该工作；如果真空罐内的真空度低于 34 kPa 时，真空助力器不能提供有效的真空助力，此时压力报警器将会发出信号，提醒驾驶员注意行车速度。

12.2.4 压力传感器

电动真空泵控制也可采用电控单元控制,只要把压力开关换成绝对压力传感器,电动真空泵由控制单元控制继电器即可。国内一些纯电动汽车里,由真空助力器真空度传感器(图12-6)、整车控制器ECU、电动真空泵工作继电器、真空泵电机组成的一个闭环真空度控制系统,保证制动时真空助力器的正常工作。

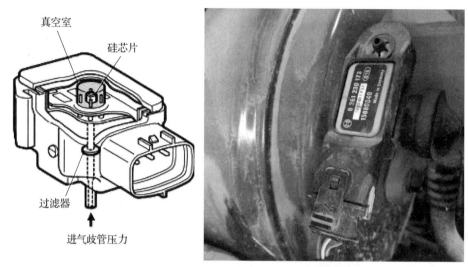

图12-6 绝对压力传感器(真空度传感器)

12.3 丰田普锐斯线控制动系统

12.3.1 线控制动系统概述

1. 线控制动系统概念

丰田普锐斯混合动力汽车采用线控制动系统(Electronic Control Brake,ECB)。线控制动系统能根据驾驶员踩制动踏板的位置程度和所施加的力所产生的液压大小计算所需的制动力。液压制动力和再生制动力的分配随车速及制动时间的变化而改变,通过控制液压制动力的大小来实现,液压制动和再生制动的总制动力要与驾驶员所需的制动力一致。如果由于系统故障导致再生制动失效,则制动系统会影响控制,结果驾驶员所需的全部制动力就由液压制动系统提供。

2. 线控制动系统功能

1)电子制动力分配(EBD)

EBD控制利用ABS,根据行驶条件在前轮和后轮间分配合适的制动力。转向制动时,它还能控制左右车轮的制动力,以保持车辆平稳行驶。

2)防抱死制动(ABS)

ECB系统中的ABS对过猛的制动或在易滑路面制动时,ABS系统能防止车轮抱死。

3）增强型车辆稳定系统（VSC+）

ECB 中的 VSC+（增强型车辆稳定系统）功能可以防止转向时前轮或后轮急速滑动产生的车辆侧滑。

4）对转向助力控制干预

ECB 和 EPS ECU（电动转向）一起进行联合控制，以便根据车辆的行驶条件提供转向助力。

5）摩擦制动和液压制动

通过尽量使用电机的再生制动力和控制液压制动实现再生制动与液压制动的联合控制。

6）制动助力

ECB 系统的制动助力有 2 个功能：一是紧急制动时，如果制动踏板力不足，可以增大制动力；二是需要强大制动力时增大制动力。

3. 线控制动系统结构设计

1）取消传统的制动真空助力器

设计上可以取消传统的制动真空助力器，变为采用 VSC 车辆稳定控制系统的油泵电机供能，正常制动时，制动主缸（总泵）的双腔串联主缸产生的液压不直接作用在轮缸上，而是通过制动行程模拟器的协助，由制动行程传感器和制动压力传感器转换为液压信号体现驾驶员的制动意图。

2）轮缸液压压力调整

电控系统通过调整作用于轮缸的制动执行器上液压泵的液压压力，从而获得实际需要的控制压力。

丰田电控制动系统的 ECB ECU 和制动防滑控制 ECU 集成在一起，并和液压制动控制系统（包括带 EBD 的 ABS、制动助力和 VSC+）一起进行综合控制，一般要增加制动控制系统警告灯。

12.3.2 线控制动增加部件

例如，日本丰田普锐斯混合动力汽车的线控制动系统相对传统带真空助力的制动系统主要增加了行程模拟器、带有高压蓄能器车辆稳定控制液压执行器、取消真空助力的双腔串联制动总泵、一个备用电源装置，如图 12-7 所示。

1. 行程模拟器

如图 12-8 所示，制动时根据驾驶员的踏板力度产生踏板行程。行程模拟器位于总泵和制动执行器之间，它根据制动中驾驶员踏制动踏板的力产生踏板行程。行程模拟器包括弹簧系数不同的两种螺旋弹簧，具有对应于总泵压力的两个阶段的踏板行程特性。

2. 取消真空助力器的制动总泵

传统汽车制动总泵上的真空助力器被取消，采用了电机液压助力。制动总泵仍采用双腔串联形式，一旦电机液压助力失效，制总泵的前腔和后腔将分别对汽车的左前轮和右前轮进行制动，所以这个总泵也称为前轮制动总泵。

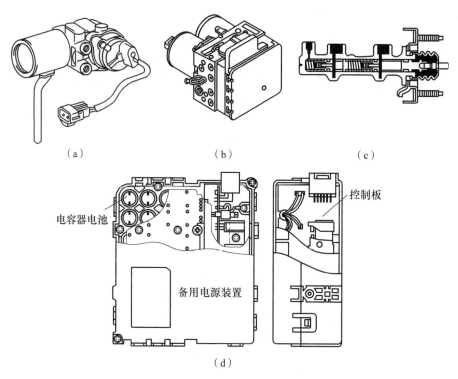

图 12-7 相对传统制动系统新增加的四种部件
(a) 行程模拟器；(b) 制动执行器；(c) 制动总泵；(d) 备用电源装置

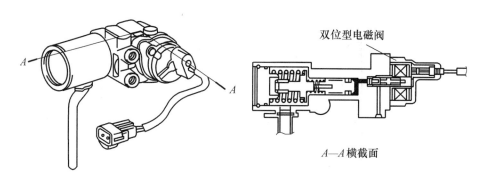

图 12-8 行程模拟器解剖图

3. 备用电源装置

用作备用电源以保证给制动系统稳定地供电。该装置包括 28 个电容器电池，用于存储车辆电源（12 V）提供的电量。当车辆电源电压（12 V）下降时，电容器电池就会作为辅助电源向制动系统供电。关闭电源开关后，HV 系统停止工作时，存储在电容器电池中的电量放电。因此维修中电源开关关闭后，备用电源装置就处于放电状态，但电容器中仍有一定的电压。因此，在从车辆上拆下备用电源装置或将其打开检查它的盒内部之前，一定要检查它的剩余电压，如果必要则使其放电。

普锐斯的主要组件位置如图 12-9 所示。

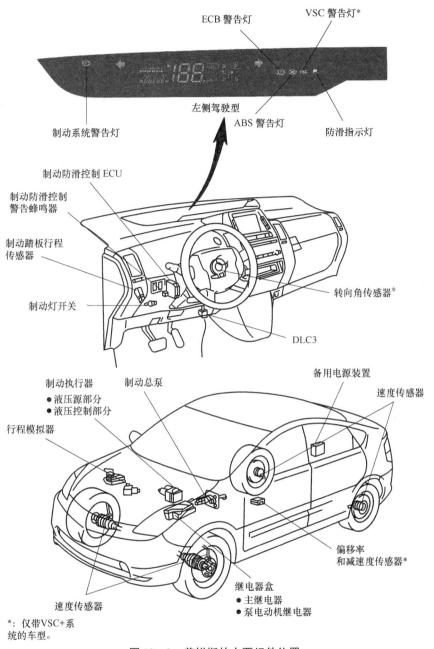

图 12-9 普锐斯的主要组件位置

12.3.3 电动汽车制动能量回馈

1. 制动能量回馈的概念

所谓制动能量回馈（简称能量回馈），即电机工作于再生制动模式（发电模式）。在制动过程中，如果车轮并不是抱死的状态，而是以一定较高的转速转动时，车轮会拖动电机转子扫描定子线圈发电，电机变频器控制发电量的大小，电机的发电过程便会产生制动转矩。

当电机发电产生的发电电压高于蓄电池时，可以将电流回馈至锂离子蓄电池，从而达到能量回馈的目的。

2. 回馈制动的潜力

目前，无刷直流电机大多采用三相星形结构，采用全桥驱动方式。目前，电动汽车存在着电池能量低、充电时间长等问题，而电动汽车的频繁起动、制动又消耗了大量能量，回馈制动潜力很大。能量回馈制动系统在汽车制动时可以将能量回馈到电池，以提高整车运行效率和电动汽车的续航里程。同时，能量回馈制动系统可以实现汽车的电气制动。能量回馈制动控制技术已经成为电动汽车的核心技术之一。

12.3.4 能量回馈约束

电动车用无刷直流电机驱动系统的能量回馈过程要受到车辆运行状态的限制。能量回馈的过程还要受到制动安全和蓄电池充电安全等条件的限制，包括蓄电池电存量、电机的回馈能力和当前转速等。回馈制动控制策略需要与整车制动要求紧密结合。在实际应用中，回馈制动应满足一定的约束条件，并采取相应的控制策略。在回馈制动过程中，相应的主要约束条件如下：

1. 满足制动安全的要求

在回馈制动过程中，制动安全是第一位的。因而根据整车的制动要求，回馈制动系统应保持一定的制动转矩，以保证整车的制动性能如制动减速度、制动距离等。在一般的减速过程中，回馈制动可以满足要求。当制动力矩需求大于系统回馈制动能力时，还需要采用传统的机械制动。此外，当转速低至回馈制动无法实现时，也需要采取其他制动方式辅助制动运行。

2. 电机系统的回馈能力

回馈制动系统在工作过程中，应考虑电机系统在发电过程中的工作特性和输出能力。因此需要对回馈过程中的电流大小进行限制，以保证电机系统的安全运行。

3. 电池组的充电安全

电动汽车常用的能源多为铅酸蓄电池、锂离子电池、镍氢电池等。充电时，应避免充电电流过大，损坏蓄电池。因此，回馈制动系统的容量除了要考虑电机系统的回馈能力，还应包含蓄电池的充电承受能力。由于回馈制动过程时间有限，因此主要约束条件为充电电流的大小。

回馈制动过程中在转速一定条件下回馈能量、回馈效率与控制占空比的关系。在回馈制动过程中，通常可采用的控制策略有最大回馈功率控制、最大回馈效率控制、恒转矩控制等控制策略。在恒转矩控制策略下，可以使整车保持制动需求的减速度完成制动过程，使制动过程满足制动力矩需求。在回馈制动状态下，制动转矩由电机的电磁转矩提供。对于永磁无刷直流电机，电机的电磁转矩正比于电机的电流，因此可以通过控制回馈电流的大小来控制制动转矩的大小，实现对制动过程的控制。

学习成果检测

第1章 新能源汽车发展历史

1. 简要写出纯电动汽车发展历史。

2. 简要写出混合动力汽车发展历史。

3. 简要写出燃料电池汽车发展历史。

4. 发展燃料电池汽车要解决什么问题?

第 2 章　新能源汽车简介

1. 简要说出电动汽车包括哪几种类型。

2. 简要说出燃气汽车包括哪几种类型。

3. 简要说出燃氢汽车包括哪几种类型。

4. 简要说出生物燃料汽车包括哪几种类型。

5. 简要说出新能源汽车补贴的两种类型。

6. 简要说明国家新能源汽车发展的新政策。

7. 电动汽车指示灯、故障灯和警告灯
(1) 上电就绪指示灯作用。
上电就绪指示灯 READY［见题图 2-1 (a)］点亮说明：

(2) 整车控制故障灯。
整车控制故障灯［见题图 2-1 (b)］点亮说明：

(3) 变频器或电机故障灯。
变频器或电机故障灯［见题图 2-1 (c)］点亮说明：

 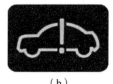 

(a) (b) (c)

题图 2-1 电动汽车指示灯和故障灯

(a) 上电就绪指示灯；(b) 整车控制故障灯；(c) 变频器或电机故障灯

(4) 电池管理系统故障灯。

电池管理系统故障灯［见题图 2-2（a）］点亮说明：

(5) 动力电池下电（断开）指示灯。

动力电池下电（断开）指示灯［见题图 2-2（b）］点亮说明：

(6) 高压绝缘报警灯。

高压绝缘报警灯［见题图 2-2（c）］点亮说明：

(7) 电池过热报警灯。

电池过热报警灯［见题图 2-2（d）］点亮说明：

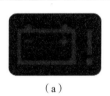   

(a) (b) (c) (d)

题图 2-2 电动汽车指示灯、故障灯和警告灯

(a) 电池管理故障灯；(b) 高压下电（断开）指示灯；
(c) 高压绝缘报警灯；(d) 电池过热报警灯

(8) 动力模式指示灯。

动力模式指示灯［见题图 2-3（a）］点亮说明：

(9) 经济模式指示灯。

经济模式指示灯［见题图 2-3（b）］点亮说明：

(10) 纯电动模式指示灯。

纯电动模式指示灯［见题图2-3（c）］点亮说明：

___

　　　（a）　　　　　　　（b）　　　　　　　（c）

题图2-3　电动汽车指示灯

(a) 动力模式指示灯；(b) 经济模式指示灯；(c) 纯电动模式指示灯

(11) 动力电池急需充电（电量低）指示灯。

动力电池急需充电（电量低）指示灯［见题图2-4（a）］点亮说明：

___

(12) 充电枪已连接指示灯。

当充电枪插入车辆上的充电插座时，充电枪已连接指示灯［见题图2-4（b）］点亮说明：

___

　　　（a）　　　　　　　（b）

题图2-4　电动汽车指示灯

(a) 动力电池急需充电（电量低）指示灯；(b) 充电枪已连接的指示灯

(13) 换挡杆还没在P挡警告灯［见题图2-5（a）］点亮说明：

___

(14) 减速箱P挡驻车锁车电机控制故障灯。

减速箱P挡驻车锁车电机控制故障灯［见题图2-5（b）］点亮说明：

___

　　　（a）　　　　　　　（b）

题图2-5　电动汽车警告灯和故障灯

(a) 换挡杆还没在P挡警告灯；(b) 减速箱P挡驻车锁车电机控制故障灯

第 3 章　典型纯电动汽车

1. 能说出聆风纯电动汽车主要组成。

2. 能说出轿车纯电动汽车传动系统的组成，并画出传动系统和电力驱动系统图。

画图区：

3. 能说出客车纯电动汽车传动系统的组成，并画出传动系统和电力驱动系统图。

画图区：

第4章 典型混合动力汽车

1. 写出汽车节油四原则的内容。
_____
_____

2. 画图说明串联混合动力汽车的原理和特点。
（1）画图区

（2）说明
_____
_____

3. 画图说明并联、轻混混合动力汽车的原理和特点。
（1）画图区

（2）说明
_____
_____

4. 画图说明并联、中混混合动力汽车的原理和特点。
（1）画图区

（2）说明

5. 画图说明混联、重混混合动力汽车的原理和特点。

（1）画图区

（2）说明

6. 画图说明插电、非插电混合动力汽车的特点。

（1）画图区

（2）说明

第 5 章 氢燃料电池汽车

1. 写出燃料电池的工作原理。

2. 写出丰田"未来"燃料电池汽车结构组成。

第 6 章 储能装置

1. 简要写出储能装置的性能指标有什么。

_____

_____

2. 根据题图 6-1 写出镍氢电池的原理。

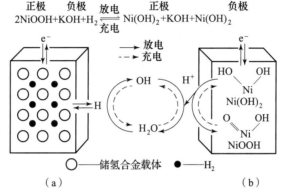

题图 6-1　镍氢电池在碱性电解液中进行反应的模型

(a) 储氢合金载体负极；(b) 镍正电极

_____

_____

3. 根据题图 6-2 写出锂离子电池的原理。

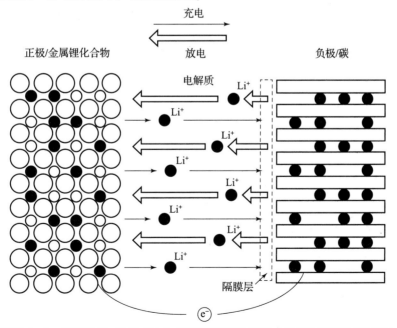

题图 6-2　磷酸铁锂（$LiFePO_4$）锂离子结构示意图（正极为磷酸铁锂材料）

4. 根据题图 6-3 写出钠硫电池的原理。

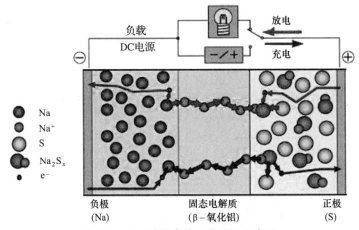

题图 6-3 钠硫电池工作原理示意图

5. 根据题图 6-4 简要写出飞轮电池的性能。

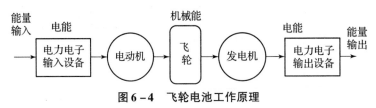

图 6-4 飞轮电池工作原理

6. 简要写出超级电容的性能。

7. 简要写出电池管理系统的功能。

第 7 章　电动汽车充电

1. 简要写出车载充电机的功率系列。

2. 简要说出充电操作过程。

3. 简要写出直流充电过程。

4. 简要写出 V2X 的意义。

第 8 章　电动汽车电机

1. 简要说出汽车电机与工业电机的性能要求有何不同。

   _____
   _____
   _____

2. 简要说出交流异步电机结构和特点。

   _____
   _____
   _____

3. 简要说出永磁同步电机结构和特点。

   _____
   _____
   _____

4. 根据题图 8-1 写出直流有刷电机工作原理。

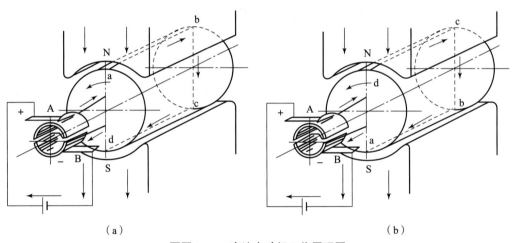

题图 8-1　直流电动机工作原理图

   _____
   _____
   _____
   _____

5. 根据题图 8-2 写出永磁直流电机工作过程。

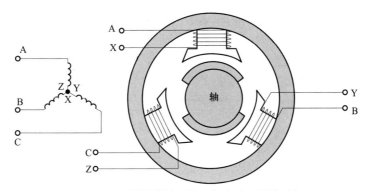

题图 8-2　最简单的原始三相直流无刷电动机

6. 电流导通方式

(1) 根据题图 8-3 写出"两两导通"过程。

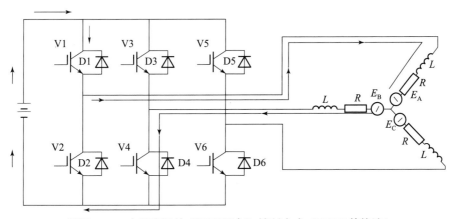

题图 8-3　电机定子的"两两通电"控制方式（IGBT 管换流）

（2）根据题图 8-4 写出"三三导通"过程。

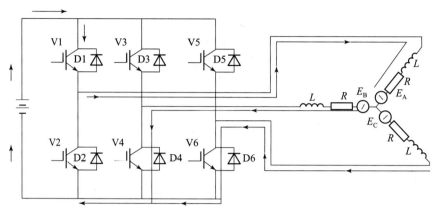

题图 8-4　电机定子的"三三通电"控制方式（IGBT 管换流）

_____
_____

7. 写出磁极定位过程。

_____
_____
_____

第 9 章　电力电子变换

1. 写出电力 IGBT 的特点。

2. 写出电力 IGBT 的驱动电压和截止电压。

3. 写出如何通过万用表测量来确定一个电力 IGBT 的好坏。

4. 写出变频器中五个主要元件的作用。

5. 写出电机和变频器的冷却方法。

第 10 章　DC/DC 转换器

1. 简要写出 DC/DC 转换器的作用。

2. 画图说明全桥 DC/DC 转换器如何工作。
（1）画图

（2）工作原理

3. 画图说明非绝缘型双向 DC/DC 电流变换器电路如何工作。
（1）画图

（2）工作原理

第 11 章　电动汽车空调系统

1. 写出电动汽车制冷方法。

_____
_____
_____
_____
_____

2. 简要说出电动汽车制热方法。

_____
_____
_____
_____
_____

3. 典型的电动汽车空调系统
（1）根据题图 11-1 写出汽车制冷过程。
（2）根据题图 11-2 写出电池箱制冷过程。
（3）根据题图 11-3 写出电池制热过程。

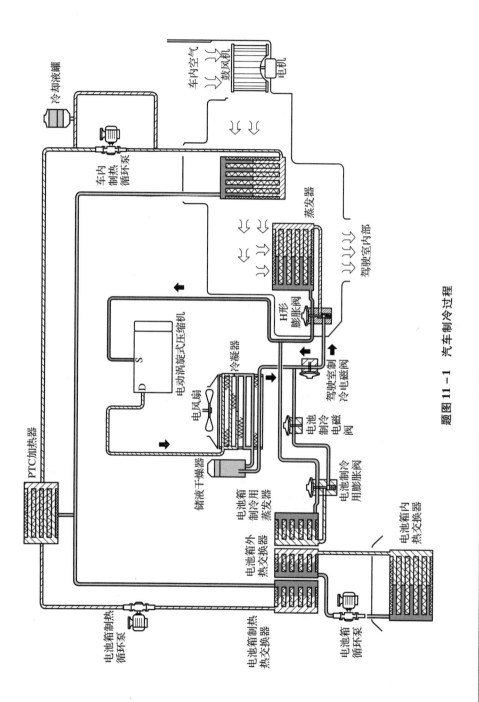

题图 11-1 汽车制冷过程

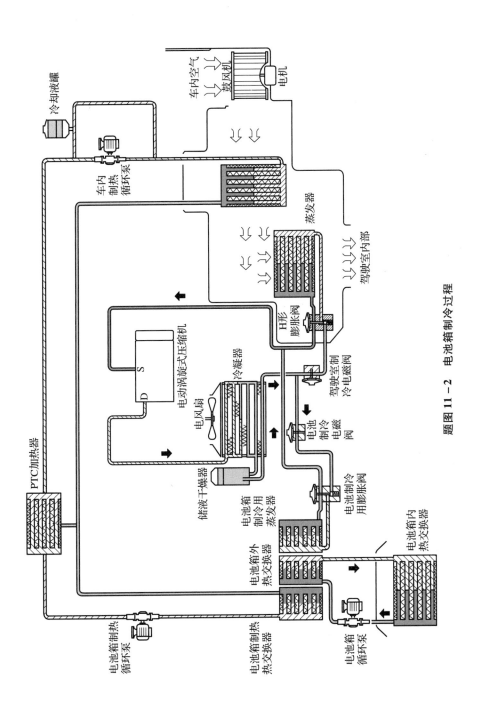

题图 11-2 电池箱制冷过程

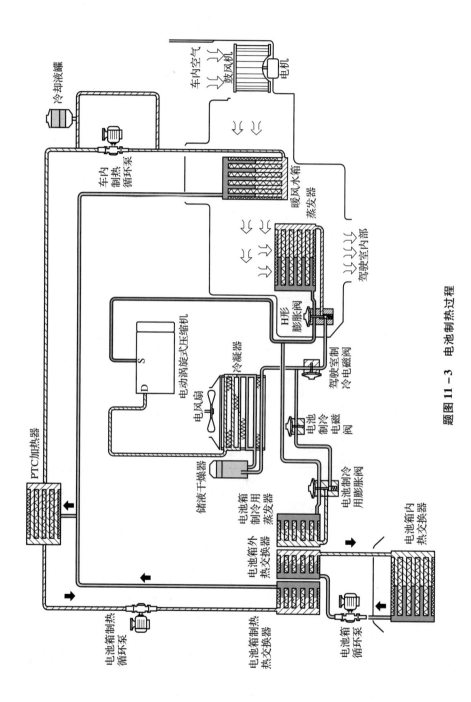

题图 11-3 电池制热过程

第 12 章　电动汽车制动系统

1. 什么是混合制动？

_____
_____

2. 线控系统增加的元件有哪些？

_____
_____

3. 根据题图 12-1 简要写出线控制动液压单元工作过程。

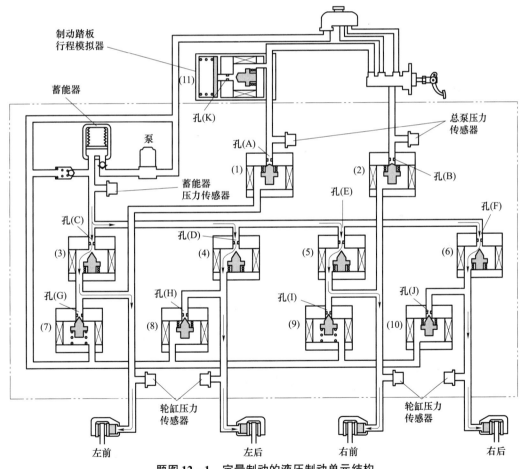

题图 12-1　定量制动的液压制动单元结构

_____
_____

4. 根据题图 12-2 写出电动真空泵工作原理。

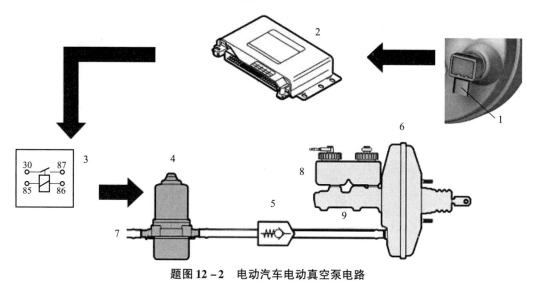

题图 12-2　电动汽车电动真空泵电路

参考文献

[1] 赵振宁、王慧怡. 新能源汽车技术 [M]. 北京：北京人民交通出版社，2013.
[2] 赵振宁. 混合动力汽车构造原理与检修 [M]. 北京：北京理工大学出版社，2015.
[3] 陈清泉，孙逢春，祝嘉光. 现代电动汽车技术 [M]. 北京：北京理工大学出版社，2002.
[4] 丰田 PRIUS 手册.
[5] 电动汽车传导式充电接口国家标准 1—9 部分.
[6] 陈全世. 先进电动汽车技术 [M]. 北京：化学工业出版社，2007.
[7] GB/T 4094.2—2005，电动汽车操纵件、指示器及信号装置的标志 [S].
[8] GB/T 19836—2005，电动汽车用仪表的要求，要求电动汽车组合仪表 [S].